天空的眼泪

一风 — 著

文匯出版社

　　每个人都有自己的痛苦,只是痛苦的内容不同和说与不说的区别。好在人间有爱,能温润我们内心的苦楚。

——作　者

目 录

序：眼处心生句自神 / 丁以洲

001 / 她说能活到60岁就不错了
004 / 车夫老陈
006 / 灿烂的昙花
009 / 再苦的生活也要有歌声
011 / "阿姨妈妈"
013 / 想念二叔
016 / 平安夜,你想起了谁
020 / 那是一个秋天的傍晚
023 / 一位母亲的烦恼
026 / 45岁的他倒下了
029 / 知客老爷
032 / 他就是皇坟村的儿子
035 / 用温暖的方式为生命送行
039 / 冬日里那个温暖的拥抱
042 / 蔡胖子的白发
045 / 比大饼油条还香的热心肠
048 / 父亲,您不该瞒着我
051 / 听易素芹大姐讲她过去的事

残酷的背后依然有阳光 / 054
当爱被强加时就失去了它的原意 / 057
那件事,至今我都不知错与对 / 060
来居士的烦恼 / 063
他的生命本不该停止在那个春天 / 066
"都是为你好"的代价 / 069
女儿问妈妈:"你管我的权力到底有多大?" / 072
算命先生这样对我说…… / 075
他说,好多事都无可奈何 / 078
她用扫帚扫出了自己的生活 / 081
她在修持中获得了宽容和救赎 / 084
我从没忘记自己是个病人 / 090
老军医陈关兴 / 093

097 / 难忘那慈祥的笑脸
099 / 五爷说,再苦两年就回老家了
102 / 三块烧饼
105 / 郭关福师傅,您还好吧!
108 / 暴雨中的那把伞
111 / 雀有才的幸福生活
114 / 洛阳有个"悟悦萱"
117 / 触动我心灵的风景
120 / 老赵说,至今他还惦念崔爱兰
123 / 那个没人坐的座位
126 / 战友张曼
129 / 记忆留存的南酸枣糕
132 / 那晚,夜色如此温馨
135 / 13床
137 / 今天,我想起了母亲
140 / 战友的承诺
143 / 那束夜色中的康乃馨
146 / 她的心灵比花还美
149 / 幸福的兄弟俩
152 / 老红军石传礼讲的一个故事

谢敏中心里的爱情花 / 155
三个孩子都叫她"周奶奶" / 158
最甜美的布施 / 162
斜土路上的汽车小站 / 164
心里有爱,生活就会像花儿一样盛开 / 167
上铺 / 170
龙井村的王大姐 / 172
夜访沈家门 / 174
幸福@西塘 / 176
愿把功德回向给自己的冤家债主吗 / 179
晚霞暖暖地照在他的脸上 / 182
拨开风雾的海儿 / 185
新市古镇里的老篾匠 / 187
保安老文 / 190
卖蘑菇的小花 / 193
爱,能融化痛苦结成的坚冰 / 196
生日逸事两则 / 198
继承精神财富的老军人 / 201
战地摄影记者的战友情怀——宝山区第三干休所军休干部叶良眸战地摄影忆往事 / 205

后记:你是我最好的遇见 / 211

眼处心生句自神

丁以洲

辛丑新年,小寒伊始,一风给我微信,让我为他的新书《天空的眼泪》写序,对此我甚感欣喜。尽管在写作上我一直处于心情所致,并非像他那样勤于学、勤于思、勤于笔,但我还是欣然接受,爽快地答应了。

一风是我的忘年交,我们结识三十多年。这些年,我看着他一路走来,脚步稳健豪迈,我打心眼里感到高兴。他的二叔和我是同事,又是近邻,我们相处得一直很好。一风参军前在我所工作的医院做水电修理工,工作之余,勤学苦练书法,因此出手不凡,在全国书法比赛中荣获铜奖。到部队后,他有缘结识《解放军报》编辑陈子琚老师,后得益于《新民晚报》副刊"夜光杯"编辑、作家曾元沧先生面命耳提,从一名农家子弟到部队士兵,再到转业安置上海工作,成为上海《军休天地》编辑。这一路,他走得用心,走得扎实。可以说,没有什么比看到一风取得如此成就而感到高兴的了。

学以为耕,文以为获。一风的作品见于《新民晚报》《淮海晚报》《上海作家》、文汇报 App 等媒体。其中,作品《朱自清的柔和刚》先后入选《中国散文家代表作集》《王牌阅读七年级语文》辅读教材和《学生推荐 100 篇》,作品《硝烟散后的金达莱》被《青年博览》(2004 年 004 期)转载,作品《感恩树上的一朵小花》入选《2010 中国散文经典》等,姓名入选《中国散文家大辞典》。2010年8月1日,《淮海晚报》"淮周刊"人物访谈版曾专题报道我采写他的《体验生命真谛 抒发人间真情》。用心感受生活滋味,用爱体验生命真谛,用笔抒发人间真情,是一风文学作品鲜明的特点。

二十几年来,他取得累累硕果,个中甘苦,如人饮水。在我看来,他的作品就像春天里盛开的小花,靓丽在百姓的心坎里,鲜活在文学的天地间,先是出版《格桑花开》,既而《生活暗示》《心里的那条河》问世。从一名苏北农村青年,跨入上海市作家行列,他的成长过程使我想到这样一句话:老天不负有心人,机会总是偏爱有准备的人。

对于《天空的眼泪》,我不做任何推介和宣传,按《生活暗示》一风自序里说的,"文章是写给读者看的,文章如何,只有读者在阅读中的感受和阅读后的评判才是准确的,这跟作序人对该书的理解关系并不太大……为尊重读者起见,把本书完全交给读者吧,或好或坏,全由读者说了算"。

一风出生于洪泽湖畔的淮阴区赵集,作为"古楚淮安之子",他的身上有着淮安的自然、人文给予的烙印,不是浅浅的,而是深深的。他的作品如家乡的泥土,氤氲着百姓生活的气息;他的心灵清澈似村头的运河,流淌的永远是人间质朴的情怀。《天空的眼泪》收录的散文,大多来自"一风思悟"微信公众号的内容,突出了"生活虽苦,人间有爱"这个主题,我有幸每天在第一时间浏览。在他心里涌现的人物里,都是一些平平常常的人,他们没有生活在聚光灯下,也没有什么鲜花和掌声,更不拥有一大群追随着他们的"粉丝",而是再普通不过的"群众演员"。透过这些作品,让人一方面享受着文字本身的美,另一方面也在不知不觉中悟出对生活、对生命、对人性的另一种感受。

我与一风情趣相投,在文学这个天地里,我们志同道合,耕耘其间,砥砺前行。我一直认为,文学最接近人性的本质,它能让我们学会审视生命的意义,学会探究人性的美与丑以及人世的冷与暖。在生命的征程上,一个人无论高低贵贱,也不管身处顺境逆境,只要心怀文学梦想,便可与灵魂对话,从而让浮躁的内心走进纯洁和高贵,让平淡的日子活出诗意,让困顿的人生变得绚丽多彩。

作为一个追梦人,他是一个有恻隐之心、感恩之心的有心人。他无论是写亲人还是写友人,抑或是写萍水相逢的人;无论是写家乡还是写异地,抑或写生活空间,都坚持写真实、抒真情,字里行间流露出质朴情怀与文化底蕴。有道是,内行看门道。这文风是品位,是生活磨炼、环境熏陶、先天素质、后来修炼、多年积淀而成。他的写作风格,用上海作家胡展奋先生的话来说,是"洗尽铅华见真容"的质朴美,我对他的评价是"用文字流淌出人间的苦和爱"。

"眼处心生句自神,暗中摸索总非真"。作为一风散文创作的思想,始终以百姓的真实生活为源头,把视野投向保姆、出租车司机、孤儿、环卫工人等普通百姓身上,了解低层人的生活现状,感受百姓面对生活的苦难和依然热爱生活的精神,把一篇篇真情感人的故事呈现给读者。一风不是科班出身,但他的文章却受到很多读者喜爱,想必与他对百姓生存状态具有的怜爱之心和悲悯之情,以及与他个人少年时代的生活背景有着密切的关系吧。我和一风的散文思想是一致的,也正如中国散文学会原会长林非先生对一风所说的那样,散文就是写真人真事,抒真情实感,那些只求华丽语言而远离生活的文章,不是散文的思想和精神。

一位哲人说过:"人是有高度的。这个高度,不是身材的高矮,而是人生坐标上所显示的刻度。人是有重量的,这个重量也不是身体的轻重,而是由思想、品格、风骨、学养、作风、气质和社会形象等多种元素综合而成的当量。"从哲学意义上讲,一风是一个在人格、学养、成就和声誉上已具有一定高度和重量的人。这个"人"字雄伟挺拔，其一撇是文，阳刚帅气；一捺是书，柔美动人。一撇一捺有机结合，交相辉映，用思想和风骨植入人文元素，用品格和作风涂上亮丽底色，用学养和气质增添光彩，谱写出一部淡泊清雅的诗书人生。

文学永远是照亮灵魂的明灯。这盏明灯，就亮在我们的心头，需要的是一颗热爱的心和转身时的一次深情回眸。山不在高自成峰，认准目标不放松。功名利禄淡如水，于无声处显内功。我由衷地希望一风挚友秉持初心，高擎人格火炬，在今后的岁月里写出更多的佳作。

与君共勉，是为序。

2021 年 1 月 8 日

（作者为淮安市作家协会会员、淮安市诗词协会理事）

她说能活到 60 岁就不错了

2018年腊月二十五,母亲因病去世,我回老家奔丧。除夕那天上午,四姑让我陪她去菜场。在菜场遇到我的中学同学孙其英,她在卖猪肉。三十年不见,差点没认出来。她性格开朗,说话脆生生的。我说,像你这样的性格,一定会健康长寿的。不想,她笑着对我说,她能活到60岁就不错了。我说,这大过年的,怎么会说出这样的话来。她坦然地对我说,她得了癌症。我一时语塞。

我和四姑离开菜场后,四姑说,孙其英得了食道癌,去年在县医院做了微创手术。四姑还说,别看她得了癌症,每天晚饭后都到中心小学门前的广场上跳广场舞呢,整天嘻嘻哈哈的,像个小孩子一样,如果她不说,没人知道她是个生癌症的人。

读初中一年级时,我和孙其英不同班,她在一班,我在二班,教室贴隔壁。有一次劳动课挑粪水浇菜地,她主动跑到我们班这边来,说要跟我一起抬粪水。她个头比我高,我在前她在后。有调皮的男同学在旁边起哄,她倒是无所谓,相反搞得我脸红。她短头发,说话声音响,像个男孩子一样。不过,她倒是喜欢穿一件红格子长袖衫。

那年暑假过后,我们一起读初二。开学那天,孙其英悄悄地对我说,我们班的张娟同学死了,是白血病,听说她的衣服被家人在院子都烧掉了。张娟是我们班里长得最漂亮的女孩,皮肤白净,瓜子脸型,她的姐姐是我们的音乐老师,我们只同学了一年,真是没想到。

孙其英对我说，人的命真是脆弱呢，说没就没了。她还问我，人死了自己会害怕吗？我茫然然地摇了摇头。对死亡，我第一次感受到也会在青少年身上发生。

中学毕业我离开赵集街后，到县城医院工作。一个星期六下午，我请假提前回家，在武墩乡轮渡过河时，恰巧遇到了孙其英，她说在她三姨家里喝喜酒。一路上，她问这问那，让我跟她说城里的新鲜事。那天下午，我跟她讲了我在医院里看到的很多事。我告诉她，在医院里看到有很多人被疾病夺走了生命。她笑着跟我说，一个人一个命，想多了也白搭。我们一路有说有笑，三十里路，一点都不觉得累就到家了。

后来，我去部队，与家乡的同学就很少见面了，这次没想到在菜场见到孙其英，更没想到她患了癌症。想到她能乐观看待自己的病情，或多或少地让我有了点安慰。那些日子，因母亲去世，我的精神状态很不好，又听到孙其英同学的病况，我的情绪特别糟糕。在新年初二那天，我告别姐妹回了上海。

转眼到了清明，我又回到赵集街，为父母亲的坟添新土。祭扫完父母亲，我来到妹妹家。妹妹对我说，孙其英死了。我心里一惊，春节前一天我们还在菜场说话呢，怎么才两个月时间人就没了呢？妹妹说，她最后一个多星期无法进食，是被饿死的。妹妹还告诉我，孙其英在死之前跟家人交代，说自己死后千万不要给她穿寿衣，那样她会害怕的。她要求家人到时给她穿上自己平时穿的那件粉红色的衣服，说自己要漂漂亮亮地走。还有就是，要把那张笑得灿烂的年轻时的照片作为她的遗像，她要让人记住她的美。后来家人满足了她的遗愿，给她穿上那件粉红色的衣服，把那张笑得灿烂的年轻时的照片放大后镶了黑色的镜框。

听了孙其英最后对家人的嘱托，我对孙其英不由得肃然起敬。

她说希望自己能活到60岁,没想只活到50岁。她对生命如此豁达,活得那样洒脱,走得那样轻松。她在菜场卖了三十年的猪肉,整天笑呵呵的,没见她和谁红过脸。人生,再苦再难交给自己来打理,把微笑和美辐射给别人,这样的人生值得每个人尊重。

车夫老陈

我从部队转业那年,租住在浦东杨高路和北艾路那里。那时我在新民晚报副刊部学习编辑业务,每天晚上都很晚才回。

有一天已过午夜,我在浦三路下了公交车后想转车,但已过了末班车时间,于是求助于人力三轮车。骑车的老陈是江苏泰州人。以前坐过他的车,算熟悉。

坐上车,老陈便和我聊了起来,像是老朋友。老陈的大女儿在老家与奶奶一起生活,还有一个小女儿在上海读小学。他白天在一家搬场公司上班,收入低,难以养家,晚上出来蹬三轮车,挣些钱贴补家用。

老陈是个爽快人,对生活有着自己的理解:"人活着要知足,钱是挣不完的,用钱也是没有底的,但起码的生活费不能少,要自力更生挣出来,困守在农村怎能成?"

来到一个十字路口时,我刚想提醒他不要闯红灯,他已停下了车。他说他每天在路上跑,得遵守交通规则,情愿慢一点,安全就赚钱,他老婆常常这样念叨。他说,安全对他特别重要,有老有小,肩上的责任重啊!

老陈讲了一件他遭遇的事。一天中午,他为别人拉建材,因没有行车执照,在路上被警察拦了下来。几天后,他交了罚款,骑回了自己的三轮车。听他说话的语气,并没有埋怨警察的意思,但他有自己的想法,他说:"听说老早上海有黄包车,我没见过,现在如果市中心出现黄包车,就不大合适。而人力三轮车和自行车算是一个等级的,让外国人看到也不难为情的,而且不污染环境,为什么不让骑呢?据我知道,在偏远的地方,人们是需要我们的……"

对他的说法,我有赞成的,也有不赞成的。作为一个农民,能想到城市的形象、中国人的尊严,能想到环保,这确实是一种进步,但他的想法毕竟太简单了,一座现代化的大都市,交通管理实在是件难事,该发展什么、禁止什么,是不能含糊的。于是我说:"不让骑就不骑呗,想想别的办法。"

我想到老家的邻居在上海农贸市场摆摊子做蔬菜生意,既做得合法,又方便了上海市民,我建议老陈可以试试。老陈却告诉我,多年前他在曹杨路做过蔬菜生意,后来因为房子拆迁,别的房子又租不起,只好放弃了。原来,他做这个活是一种无奈的选择。

他还说,像这种骑三轮车的活,深更半夜的,这么热的天,弄得一身臭汗,上海人谁愿意做呢?自己只想凭力气让一家人能过日子。不是说海纳百川吗,也应该纳纳他们这些最底层的人呀。我想你不是已经在上海了吗?此时此刻,我不忍心对他说一些"有分量"的话,也不知道该如何说服他。

车上一座无名桥的时候,老陈躬着腰用力地蹬着。我说我下来吧,他朝后摆摆手,说,不用不用,我有的是力气。老陈年近不惑,那张黝黑消瘦的脸,和他的年龄显然有些不相称。

我们一路闲聊,不知不觉就到了我的住处。临别前,老陈告诉我他住的地方,让我有空到他家里喝酒去,也帮他辅导读小学的女儿,俨然把我当作了朋友。他的脸上露着笑容,那是我在家乡常见的憨厚的笑,写满了一个进城农民的苦与乐和对生活的理解。

灿烂的昙花

一个夏夜,我和朋友站在外滩的栏杆处,凉风微荡着江面,吹动着我们的头发。朋友一句话也没说,我知道她心里要讲的所有的话。这天,是朋友的女儿——小昱 12 岁的生日。然而,小昱像她妈妈心里绽开的昙花,在一个月前的那个夜里,告别了这个世界。今夜,朋友约我在外滩,我们静静地怀念小昱。

小昱给我的第一印象,就是这个孩子实在让人疼爱。朋友有一次跟我说起小昱生活里的三件事。

有一回,朋友感冒还伴有发烧,浑身不适,早晨便多睡一会儿。小昱早晨起床后,得知妈妈身体不舒服,第一时间向班主任请假。考虑到时间尚早,还不知班主任有没有起床,小昱就用妈妈的手机给班主任发了条信息,说是要去药店给妈妈买感冒药,有可能会迟到一会儿,请班主任跟门卫保安说一声,到时让她进校门。她知道妈妈不想吃饭,还想到妈妈起来后要去医院吊盐水,就煮了两个鸡蛋,自己吃一个,给妈妈留一个。她还给妈妈热了一袋牛奶,准备了一杯温开水。小昱知道,爸爸和妈妈那段时间正在闹离婚,爸爸自然没有关心妈妈的心情。就这样,在妈妈起床后,小昱才背着书包去上学。要知道,那时小昱才 9 岁。

还有一回,爸爸和妈妈闹别扭,妈妈心疼小昱,担心不和谐的家庭氛围会影响小昱的心理健康,就跟小昱谈了一次话。那天下午,母女俩在公园里,小昱静静地听着妈妈诉苦衷。小昱一边听一边流泪,她为妈妈没有获得幸福的感情生活而难过。她对妈妈说，你们感情不和，谁都不要怪谁，只是你们两个人没有这个善缘。朋友第一次从女儿的嘴里听到"善缘"这两个字，为之惊讶，便问小昱怎么会知道这个词。小昱说，她有一次去奶奶家，是奶奶跟她说的。奶奶说，人与人之间，如果没有善缘，千万不能有意制造闹情绪的机会，你让别人难过不自在，自己也不会舒服。人心都一样，如果你给别人阳光，别人也一定会给你温暖。奶奶还说，有意让人痛苦的人，时间久了，自己的心里也会生毛病的。小昱像个大人似的，俨然理解了爸爸妈妈的事情。

小昱在10岁那年不幸患上了白血病。为了安慰痛不欲生的妈妈，小昱在妈妈面前从没哭闹过。有一天，妈妈煮了青菜鸡蛋粥，这是小昱爱吃的。平时是要放些肉糜的，小昱在化疗期间闻不得荤菜味。那天，小昱一边艰难地将粥吃下去，一边握紧小拳头笑着对妈妈说，我是个勇敢的小天使啊！刚说完，不料身体一抽，就"哇"地全吐了出来。妈妈放下碗，咬着嘴唇直流泪。没想到，小昱自己却端起碗来，咬着牙，硬是又吃了两调羹的粥。那两调羹粥吃下去，小昱帮妈妈擦了擦眼泪，对妈妈说，她来到这个世界就是爱妈妈的……

从那时起，妈妈也学着小昱慢慢坚强起来，不再以泪洗面，而是以感恩的心迎接每一天的阳光。在那个特殊的病房里，母女俩的笑声时不时地打破沉寂的气氛。朋友有时还学着小昱将水果送给邻床的病友，笑着说大家相识是缘分。医护人员每天也都会送给小昱祝福。那间病房，成了充满温情的家。

小昱的身体渐渐地走向了衰弱。一天，奶奶坐在小昱床前，合掌闭目，不停地念道："南无阿弥陀佛……"小昱学着奶奶的样子，也合掌默念。医生过来了，叫走了小昱的妈妈。医生说，小昱的病情每况愈下，只能面对现实了，希望小昱妈妈做好思想准备。从医生办公室出来,朋友先回了趟家。回到家里,她一边洗澡,一边捂着脸,让泪水尽情地流淌……一个小时后,她给自己化了淡妆,又去了医院。

小昱在生命最后的时光,送给妈妈一个礼物。不过,小昱特意强调,妈妈不能提前看。朋友说,那个礼物,是小昱用尽全力写给她的一封信:"亲爱的妈妈,活着真好!那样,我能和您在一起,有笑声,有阳光。既然,我的生命只有这么长时间,您就不能怪我了。反正,我把所有的爱,都给了您,您要好好地爱自己,请您千万要记住,把微笑送给别人,那就是对自己好……亲爱的妈妈,我离开后,您不要太难过。因为,老师说过,长时间难过,对身体是不好的。长时间快乐的人,就是品尝幸福的甜果。老师还说,幸福是一种能力。如果自己不幸福,不要怪别人。再见了,亲爱的妈妈,祝您幸福到老!"

夏夜的风,从黄浦江东岸徐徐吹来,朋友的脸上挂满了泪水……

再苦的生活也要有歌声

2018年冬天,母亲在老家因病住进了重症监护室。说是重症监护室,家属仍可以进出,晚上还能留下陪夜。我在陪护母亲的一个星期里,认识了邻床患者的家人。他们家有兄弟姐妹五人,在那一个星期里,我见到了老大朱平,还有她的弟弟。他们每天晚上轮流陪夜值班。在我回上海后的一个夜晚,我接到朱平的电话,她在电话里高兴地对我说,淮安下雪了。就这样,我们算是真正意义上的认识了。

母亲的病情因一时难以好转,医生建议做好长期护理的准备。于是,母亲在医院住了两个星期就出院了。朱平提起她父亲的病况,说老人家有过三次脑出血。2010年在老家泗阳县医院住院二十多天。身体慢慢恢复后,他闲不住,便到一家养老院打零工。有一天晚上,他在广场上锻炼身体,不料晕倒在路边,幸遇好心人打了120,到医院抢救了过来。这一次住院,一住就是一年多。这一年多来,饮食完全靠鼻饲流食。可能由于脑神经受损,去年竟出现了羊角风症状。我提到晚上陪护,朱平笑了笑说,还能有谁来陪啊,妈妈也70岁人了,她白天在医院照顾,晚上也不能再熬夜了。妹妹家的孩子还小,离不开人,只能由她和弟弟两人轮流值夜班了。

朱平在淮安振华鞋业公司工作,作为车间主任的她,白天上班忙得不得了,有时业务多还要加班加点,晚上还要到医院去陪父亲。陪护不是一天两天的事。朱平笑着跟我说,这一年多来,父亲的病房就是她的第二个家。我当然记得一年前在病房的情景:每天下班后,朱平来到病房,先给父亲喂鼻饲流食,然后再喂半杯温开水。一切停当之后,自己才把妈妈准备好的饭菜拿到对面的茶水间用微波炉热一热。吃好饭,又到了喂父亲吃药的时间。这一阵忙好之后,她会坐下来,哼上一支《再苦再累不流泪》的小曲:"不管怎样,我的心在继续飞翔,哪怕没有了希望,坚持到底也不要绝望……"那些日子里,我经常看到她一边哼着歌,一边为自己的父亲按摩双腿,洗脸洗脚。到了睡觉时,她在床边的地上铺一块硬纸板,上面再铺上一床被子,倒头不一会儿就能听到她轻微的呼吸声了。有时我很羡慕她,羡慕她有乐观的心态,积极面对父亲的病情,悉心照料,从没有过一句怨言;也羡慕她晚上倒头就能进入梦乡的福气。不像我,换床睡不着觉,更别说在那张半躺的椅子上了。

在我动笔写这篇文章时,我和朱平通了电话。她说,她的父亲情况很不好,去年做了切开气管通气,加之脑出血的后遗症,现在不能说话了。以前如果你跟他说些故意气他的话,他会气得右手拍被子,现在你再跟他说些气话,他根本不理会,如果说到过去的伤心事,他就会掉眼泪。朱平说,一个人到了自己想做什么都做不到的时候,真是最痛苦的事情。虽然是子女,也无法代替父亲说话吃饭啊,我们也只能做些力所能及的事罢了,其他什么都做不到。

朱平一如既往地每天跑医院,每隔一天就要住在病房里。她用自己的心力和歌声给自己一个希望:"不管怎样,我的心在继续飞翔,哪怕没有了希望,坚持到底也不要绝望……"为了父亲,她在尽一个子女的本分,也在告诉她的朋友们,这就是咱老百姓的生活,遇到灾病,不管怎样,哪怕再难,也要乐观地活下去,为了自己,也为了给自己的孩子树立一个好的榜样。

"阿姨妈妈"

我有一位朋友,他带着女儿一起生活。

女儿还小,每晚睡觉前,爸爸总要到女儿的小房间看一看。离开前,他会在女儿稚嫩的额头上轻轻地吻一下,然后他们互道晚安。

一天晚上,爸爸来到女儿的小房间,透过朦胧的光线,他看见女儿"熟睡"的脸上挂着一行泪水。爸爸以为女儿在做梦,后来发现女儿连续几个晚上都这样。莫非女儿患了眼疾?于是,爸爸带着女儿到隔条马路的医院去看医生。眼科医生检查后问道:"晚上做噩梦了吗?"小女孩摇摇头。这位具有国家二级心理咨询师资质的眼科医生,看着眼前扎着羊角辫、生得机敏的小女孩,轻声地问道:"你的眼睛很好,是不是在想一个人啊?"小女孩睁大了眼睛,端详起眼前的眼科医生阿姨。她长得漂亮,过肩的发型,大大的眼睛,中等的个头,好像在哪儿见过似的。从眼科门诊室出来,医生对小女孩的爸爸说:"你女儿的眼睛没问题。"出门前,小女孩扭过头,睁着大大的眼睛又看了一眼眼科医生。医生向她微微一笑。

自那以后,朋友的女儿经常跑到马路对面的医院,透过玻璃窗,偷偷地看为她检查过眼睛的眼科医生。有一天,当她又站在窗外踮起脚尖的时候,她的眼睛一亮,看到眼科医生把脸藏在一张贺卡的后面,贺卡上写着大大的四个字——圣诞快乐!小女孩露出了可爱的笑脸。眼科医生向小女孩招手,示意她进去。小女孩来到室内,眼科医生阿姨抱起她坐在自己的腿上,说起了她们各自的小秘密。小女孩要回家了,出门前,她扭过头来,羞怯地对眼科医生阿姨说:"阿姨妈妈再见!"

又是一年圣诞节。这天放学后,小女孩拿着圣诞礼物,快乐地穿过马路向医院走去。当她来到眼科门诊的时候,看到里面坐的是位男医生,她怯生生地走了进去。原来眼科医生阿姨生病好多天了,就住在病房大楼里。来到病房,小女孩看到眼科医生阿姨闭着眼睛躺在床上。病房内,她能听见自己怦怦的心跳,还有眼科医生阿姨轻微的呼吸声。小女孩轻轻地叫了一声"阿姨妈妈",眼科医生阿姨睁开眼睛,看到是她,她们相视微微一笑。小女孩拿出了圣诞贺卡。眼科医生阿姨看着小女孩自做的贺卡,紧紧地把她搂在怀里,眼泪簌簌地淌了下来。

冬天过去了,眼科医生阿姨的病情每况愈下。春天悄悄地来临,城市里楼宇间的风开始变得亲近而温和。一个雨后的黄昏,小女孩背着书包从学校去医院,她怎么也没想到,今后她再也见不到阿姨妈妈的微笑了……

这天晚上,细心的爸爸睡觉前又来到女儿的房间。女儿还没关灯,脸向里侧着,她在看一张自做的贺卡。爸爸看到贺卡上画着一对大大的眼睛,眼睛下方是女儿的字迹:阿姨妈妈,您真像我妈妈!知道爸爸过来,女儿转过身,一下子抱住爸爸,眼泪像断了线的珠子,打湿了爸爸的衣服。她止不住地抽噎着:"爸爸,阿姨妈妈她……今天到很远的地方……去看我妈妈了……"爸爸搂住泣不成声的女儿,眼角的泪水也无声地滑落下来。

爱,是心灵的一种需要和呼应。它是生命中最美的精神寄托,也是生活里不可缺少的阳光。阿姨妈妈,就是爱的化身,她像一个甜果一样,一直活在我们的世界里。

想念二叔

这是2002年秋天的事。

我这人很少有失眠的时候,这天夜里却辗转反侧。在这初秋的夜里,我独自走在蒙蒙细雨中。细细的雨丝,在路灯下显得秩序井然,落在地上,悄无声息。我无心领略夜的风姿,脑海里浮现的全是二叔的身影。

我刚参军那会儿,因第一次在新兵连摔打,每到晚上,躺在床上时心里总会生出一种从未有过的孤独与思念。听着战友的呼噜声,我开始品尝思念在异乡悄悄萌芽的滋味。父亲已去世,母亲是不识字的农家妇女,姐姐婚嫁,弟弟还小。我收到的第一封家信是二叔寄来的。至今我还记得他在信中写过这样一句话:男子汉就要能经得起摔打。那晚,寒风瑟瑟,月光如银,捧着二叔的来信,我第一次泪湿他乡。

第一次探亲回家,第一站便是到城里的二叔家。回家前,堂姐在电话里说,全家人都在等着我呢。听到这句话,心里是热热的。二婶做了我最爱吃的饭菜,二叔拿出好酒,全家人其乐融融。二叔酒量不大,白酒小盅两杯。我端杯孝敬,他尽兴而饮。那份高兴,情不自禁,溢于言表。

休完假归队,二叔骑着自行车送我到北门桥汽车站。经过一家蛋糕房时,他下车买了蛋糕,放在我的包里。在上北门桥时,二叔吃力地蹬着自行车上坡,坐在车后的我,看着二叔背后一身汗湿,不禁联想到朱自清的《背影》，内心深处的那份感动，涌上心头……

二叔以父爱般的关怀，给我鼓励和勖勉；我用刻苦的方式，来回报他那份厚重的爱。付出总有收获的希望，收获来自亲情的鞭策。那是一个丹桂飘香的季节，当我拿到桂林空军高炮学院的录取通知书的时候，我把身上仅有的津贴费，全部用来打长途电话。那一刻心里想的，就是要让这个汗水换来的喜讯，第一个告诉给二叔。后来，听二婶说，二叔为此高兴了许多天。

二叔在医院工作。从人事科到工会，对工作的态度始终是尽心尽责，为人谦和热情，在医院里有口皆碑。二叔曾对我说，等他退休后，不再操心工作，将会潜心书法，陶冶情操，让自己的夕阳色彩更加鲜艳。我真为二叔高兴。就在二叔快要退休时，本打算站好最后一班岗，不曾想身体有恙。在二叔的病因没有确诊时，堂姐为此咨询了许多脑外科专家，还特地拿着片子跑了趟南京，真是想尽了办法。二婶每天陪伴二叔，精心照料。我把二叔的 CT 和核磁共振片子，先后两次拿到上海，请专家会诊。最终被确诊为交织性脑肿瘤。

我在淮安那几天，多数时间是陪着二叔。到病房时，他右手有点不便，我帮着他脱鞋；在他输液时，我怕他寂寞，就谈自己工作的情况；回家时，他走路有点不稳，我扶着他下楼。看着二叔走路缓慢的样子，我心里很是难过。

在医生征求二叔是否做手术的意见时，家人的想法是"不怕花钱，救命要紧"。其实，二叔并不想手术。然而，那时的二叔只有知情权，已没有了选择权和决定权了。

二叔做了开颅手术之后，紧跟着就是化疗。过段日子，我回淮安看望二叔。由于化疗带来的药物反应，二叔饭吃不下，话不想说，无论二婶如何做他的思想工作，用调羹将饭菜送到他嘴边，二叔就像一个不听话的孩子，只是难过地摇头。如果不是生病，不是化疗，谁饿了不想吃饭呢？那些个日子啊,对二叔来说,是生命中最难熬的时光,对二婶来说,又何尝不是呢？术后一年的二叔,在他离退休还差一天的日子里,永远离开了我们。

想着二叔,忘了时间。远处来了一阵夜风,我感到一丝的凉。雨不知是什么时候停的。仰视夜空,忽见有星星在苍茫的夜色中微微闪烁。我这才发现,已雨过天晴。

平安夜，你想起了谁

平安，是人类用得最多的吉祥语和祝福语。那首《祝你平安》的歌曲，唱出了人们追求美好生活的心声。平安，没有东西方的区别，也没有种族的分别。平安相依健康，是人类赖以生存和发展的"根据地"。今夜，"平安夜"已不再完全属于西方，它是地球村村民共有的节日。

这天下午，我收到周丹同学的消息，聊着聊着，她想到了自己的父亲。下面，就是她跟我讲的关于她父亲的故事。

2016年4月1日，得知父亲病倒的消息后，我赶紧安排好手头上的事，第二天上午登上了飞往家乡丹东的飞机。透过舷窗，看着远处大朵大朵的云彩，想到父亲过去的点点滴滴，我的泪水禁不住地顺着脸颊往下流……

父亲家庭成分不好，1966年他被打成"现行反革命分子"。1967年我出生时，父母不想让我受到牵连，报户口时，我的姓氏跟随了母亲。

父母亲育有四个子女，我有两个哥哥和一个姐姐，我排行老四，家人都叫我"老姑娘"。"文革"期间，父亲常常叮嘱我们出门在外不要惹祸，要与人为善。父亲还担心我们四个孩子被人家欺负，就让我们比同龄的孩子晚一年上学。有一天深夜，我在睡梦中被一阵急促的敲门声惊醒。我睡眼蒙眬地看到一群人闯进我们家，他们进屋就翻箱倒柜,把家里的蝴蝶牌缝纫机、红灯牌收音机、英纳格手表、永久牌自行车等,一样不落地都给拿走了。还有几次,我们家里没人,在我回到家时,只见锅碗瓢盆被砸得稀巴烂,饲养的鸡、鸭、兔子等不是被偷走就是被药死。每有这样遭遇,父亲从不抱怨,还经常领着我们一家人唱歌。唱得最多的就是郭兰英唱的那首《我的祖国》。父亲对我们说,坏人只逞能一时,乌云不可能永远遮住阳光。

1974年父亲被专政时,爷爷奶奶生病了。被专政的人是没有行动自由的,父亲的心里"着了火"。奶奶病危时,组织上特批父亲两天假期,父亲这才见到了奶奶。奶奶住在辽宁海城市。是时,奶奶躺在炕上,肚子很大,脸色蜡黄,她向父亲艰涩地笑着。母子连心啊。奶奶看着父亲干瘦的手臂,心疼得流着泪说:你13岁搬运过豆饼,拉过人力车,累得吐过血……当奶奶问及我们家人情况时,父亲也不知如何回答,只是不停地点头。时间不允,父亲自然没能为奶奶送终,就匆匆返程了。不久爷爷也去世了,父亲也没能为爷爷料理后事。父亲的泪只能在心底里流,他是儿子,却不能为自己的父母送上最后一程,他是多么遗憾和痛苦啊!在父亲跟我说起这件事时,我不知道如何去安慰父亲。

是啊,正如父亲所说,阳光终于穿破阴霾和乌云,向人间洒下光明的色彩。1978年那个阳光明媚的上午,在我们家里,父亲的手里拿着那张平反证明文件,他大声地一字一句地向母亲和我念着……父亲的脸上洋溢着润红的光,那是一种喜悦的光,是一种忍辱十二年最终获胜的光。父亲读完他的平反证明文件,高兴地对我说:"老姑娘啊,你拿着户口本,快点到派出所去把姓改回来吧,从今天起跟着爸爸姓了!"我在炕上一下子跳到母亲的怀里,又跳到父亲的怀里,就这样来来回回地蹦了好一会儿。那天,我一个人拿着户口本去派出所改姓去了。那年,我11岁。

父亲恢复工作后,任丹东市化纤厂住房管理委员会主任。当年,近万人的化纤厂是丹东市支柱产业。好在父亲身体硬朗,性格坚强,处事公道,在人群中是领头羊。父亲在学生时代做过团委书记、学生会主席。辽东财经学院毕业后,还带领同学们到包头开过荒。我高中毕业后离开了家乡,在家里的日子不多,后来通过书信、电话方式从朋友同学那里了解到父亲曾帮助很多人:落实了当地知识分子平反政策,出具了同学的孩子去日本留学需要的证明材料,解决了困难员工住房问题……父亲乐善好施,为人正直,他在我的心里,就是一座山,一座顶天立地的精神靠山。母亲于1997年脑出血,半身不遂,从那时起,母亲的生活完全由父亲照料。近二十年的精心付出,不是一般人能做得到的。也正因为父亲爱妻敬妻几十年如一日的精神打动了人,一传十,十传百,《沈阳晚报》进行了宣传报道。

一阵轰鸣声,把我从回忆中惊醒过来,飞机已降落丹东机场。我拖着行李就往医院赶。到了父亲身边,才知道他从3月份开始腿脚浮肿,后背疼痛,为了不给子女增加负担,一直在家里照顾母亲,直到撑不下去才去医院。在医院里,我陪护父亲一个星期。看他病情稳定,我就回上海上班了。临行前,父亲坚持下床,站在病房门口送我。那时,父亲已经走不动路了,只能靠在走廊的暖气片上,两眼直直地看着我的背影,目送我离去。我拎着行李箱艰难地挪着步,我不敢回头看他,感觉走廊很长没有尽头,我的眼泪哗哗地往下淌……我知道,这也许是我们今生最后的相送了。

我刚到上海的第二天,即4月7日,便接到父亲病危的消息。我又飞回到父亲的身边,这时他已完全不能下床了。父亲是个爱清洁的人,我是他的女儿,帮他早晚刷牙,饭后漱口,便后清洗,睡前泡脚,洗头、擦身、刮胡子。父亲有络腮胡,无法用电动剃须刀,于是我学会了用热毛巾敷软了他的胡须,再涂上肥皂,然后用刮刀为他刮胡子。

我每次都小心翼翼,从没刮破父亲的脸。我空下来就为父亲按摩吊水的手臂和浮肿的腿脚,他很坚强,从不叫疼。那些天,我为父亲做的点点滴滴,感觉我在照顾一个孩子,父亲在我的心里就像一个非常弱小的无助的孩子。看着他一天一天地衰弱下去,我的心里悲伤极了。那时,我只会背诵般若波罗蜜多心经,义理也不明白,还不能给他讲一些看破、放下、无挂碍、无有恐怖的道理。一天下午,父亲斜靠在病床上,深邃的目光看着窗外很久很久……他突然说了句"婆娑的世界,多精彩啊"!

4月25日早上7点,父亲走完了他坎坷而精彩的一生。今夜,我想起了父亲,祝他在天堂里平安快乐!

那是一个秋天的傍晚

很多年过去了,我一直记得她当年跟我道别时说的话。

她的腿是残疾的,出行依靠残疾车。应该是 2006 年,我曾去采访过她,也为她写了一些文字。本来,我想写一本关于孤儿长大后奋斗的书,后因种种原因,给耽搁了。我是个粗心的人,多年后,连当初采访的几位孤儿的稿件也找不着了。今天,忽然就想起她的一段故事来。但,她的名字我给忘记了。

她像身边的其他孩子一样,不知道自己的父母是谁,只知道从记事起,自己就生活在一个有很多哥哥姐姐、弟弟妹妹的大家庭里。她生活得很快乐,不仅是因为有保育员阿姨的关心,还有一位与她经常在一起玩的小念哥哥。她已习惯了自己的那双残疾的腿,知道自己从小就与其他孩子不一样。小念哥哥喜欢陪她搭积木、猜谜语、画画,帮她洗头发,还坐在一起跟着保育员阿姨做手工艺品。在福利院里,她和小念哥哥还看到过一些外国人来,说着他们听不懂的话。

在她和小念哥哥到了读书上学的时候,他们更是形影不离。小念哥哥和她同岁,只是比她大三个月。她语文成绩好,小念哥哥数学成绩好。在一年的儿童节,她给小念哥哥送了一个礼物,是她独自坐在教室里给小念哥哥写的一段话:"我看过天空的小鸟,希望你将来做一个展 chi(翅)ao xiang(翱翔)的雄鹰;我看过小溪流过山涧,希望你将来做奔 teng(腾)不息的海洋……等我长大后,我要嫁给你!"小念哥哥默读着她写的那一段话,只是欢喜地笑着,不知要对她说什么。

　　在他们读二年级的一天放学后,小念哥哥被保育员阿姨叫到办公室去了。小念哥哥回到她身边,好久不说话。她猜想小念哥哥一定有心思,不然,他不会像变了一个人似的。小念哥哥望着窗外滴雨的天空,眼泪下来了。又过了好一会儿,他才对她说:"我要离开这里了……"她没听明白小念哥哥的话,只是低头拨弄着手里的那个红色的千纸鹤。"他们要带我去外国读书了……"她还是没有说话,只是抬起头来,静静地看着小念哥哥的眼睛。"我们就要分开了……"他也低下了头。"那我还能见到你吗?"她终于张开了嘴巴。"我会回来找你的……"泪水滴在了她手里的那个红色的千纸鹤上。

　　第二天,小念哥哥跟着一对外国夫妇走了。她望着小念哥哥,泪水湿透了胸前的衣服。坐在车里的小念哥哥,拿着那个红色的千纸鹤向她挥手……从她记事起,小念哥哥就和她生活在一起。如今,他们要分别了,他们谁都不知道未来的路有多长,要通向哪里。在她的记忆里,那是一个秋天的傍晚。

　　小念哥哥离开了这座城市,离开了她的生活。她的心里从此少了一样东西,说不出那东西是什么,只是让她从此孤独起来。但她的心里又有一缕光,那就是盼望自己快快长大,到那时小念哥哥就要回来找她了。

　　一晃十年。她从技校毕业分配到一家民政企业上班。再后来,她与一位同事结婚。生活像涌动的水,总会在时代的波浪中有退有进。时间进入21世纪,经济转型,一切都为速度和效益让路的时代,那些传统的劳动形态自然会被市场淘汰。她工作的那家民政企业倒闭了。自谋职业、自主创业是新时代劳动者的选择。就在同事们不知所措时,她率先开起了个人网店。有时,她也利用自己的残疾车到地铁口载客,以补贴并不宽裕的生活。

在我采访她时,她拿出一叠厚厚的写满了字的稿纸。原来,这是她写的一部小说。我看到,封面上写着"那是一个秋天的傍晚"。她跟我说,这是写她童年时的生活。我问她那位小念哥哥是否回来找过她。她说,生活本身就是一段回忆。回忆,之所以美好,就是因为我们再也不能回到过去……

一位母亲的烦恼

有位十年没有联系的同学,近日突然给我打来电话。彼此简单寒暄后,她说她问了好几位同学才得知我的号码,然后问起我女儿的近况。说着说着,她就叹起苦经来。因为我们很久没有联系,我就静静地听她诉说。

她说自己被女儿气得不想活了。原来,已上班两年的女儿近来谈了个男朋友,这个男孩子家在农村,生活条件很一般,只有大专文凭,属于那种好吃懒做的人,感觉还有点像坏人,如果女儿将来嫁给这样的人,不是要吃一辈子的亏啊。当然,做妈妈的对于女儿的婚姻并不是说一定讲究门当户对,但起码要给女儿有个安全感的家啊。同学还说,女儿就是不听她的话,相反近日还像仇人似的对她。为了女儿谈男朋友的事,我这个同学被气得晚上睡不着觉,连续多日失眠,精神快要崩溃了。

同学一口气说了很多话。说实话,听了这件事我有点莫名的反感。所以,我没有照顾她的心情,而是按自己的观念表达了自认为比较客观的想法:你的女儿没有错,在婚姻爱情方面,她有自主权和选择权,找到自己喜欢的人,你应该祝福她才是。作为父母,面对孩子的婚姻取向,我们最多是建议,而不能取代。至于你,也没有错。只是你的选择取向与女儿的选择取向不一致。再说,男孩是好人还是坏人,你的女儿在和他相处中自然会发现的。

同学叹了口气。

我接着说,在我的人生观里,女儿到了读大学的年龄,就已有自己的社会认知。作为父母,当我们从自己角度为孩子的选择和做法牵肠挂肚时,事实上会遭到孩子的极力反对。反对在于,隔代人的生活观念和价值取向不尽相同,如果硬是把我们的观念强加于孩子,最终被孩子拒绝而闹情绪,搞得大家都不愉快,我们又何苦来着呢。我的想法是,要让孩子有自己的选择权。不是我们对孩子不负责,而是很多时候我们的担心和责任不但毫无结果,反而还会拉开父母与孩子之间的感情距离。孩子已经长大,他们有自己的人生观。

同学说,那我不能眼睁睁地看着女儿吃亏上当吧。

我说,任何一个正常的人,都不会愿意自己上当吃亏。生活本身就是一堂生动且实在的教科书,让她自己去体验和感受吧。错了也不要紧,在这个世界上,没有哪个人没做过错事的。错了,可以回头啊。我们每个人都会走弯路,只有这样,我们才能在弯路中学会成长,成熟起来。

同学说,那你明知她会或正在走弯路,你能不闻不问吗?

我说,我们首先要给"弯路"一个正确客观的定义。只要孩子不涉及黄、赌、毒,或沉迷于玩游戏,或游手好闲,其他的弯路都不是什么坏事。比如说找工作,你只想女儿进体制单位,而女儿喜欢文创多媒体,即使那种不稳定的公司最终不能给她以保障,这样的弯路走走也无妨。再比如婚姻,你心目中的未来女婿应该是公务员,而你女儿却找了一个体制外的男朋友,即使将来分手,这样的弯路走走也无关紧要。就拿我来说吧,我做过农民和临时工,后来当兵,在落实工作之前我做过传媒文案;再如我谈过农村的女朋友,也有过城市里工作的女朋友等等,又能怎么样呢?这些都是人生中的一段经历。在我看来,经历越丰富的人,才能越体味到丰富的生活。我有个朋友,从小生活在知识分子家庭,生活富有,她本人学习成绩又好,算是学霸那种,考上重点高中,后来考上重点大学,就业也一路顺风顺水。有一次她问我,说为什么你能写出那么多的文章呢?我说我有很多不平坦的经历啊。她却说自己几十年来生活风平浪静,没有一点精神或情感上的涟漪,连一篇文章也写不出来。所以,有些"弯路"是人生中最美的风景,也是最深刻的一条路。只有走过弯路的人,才知阳光的道路来之不易。也只有走过弯路的人,才能珍惜自己的当下生活。

同学又叹了口气说,去年女儿患上抑郁症,整天待在家里,连班也不上,跟她说什么都不搭腔。那一年,她被女儿折腾得差点疯掉。

我问同学,对于你女儿,如果用去年的抑郁症和今年谈男友的两件事让你选择的话,你会选择哪一个?

同学说,那当然希望她身体好了啊。我说,我们每个人都生活在选择中,也都一直心怀贪婪之心。既然你希望女儿有个好身体,那么她谈男朋友的事就不要有太多的干涉了。人生会遇到很多事,不可能样样都让我们满意。面对纷繁多元的生活,我们要学会选择,同样也要学会适应和接受。

挂断电话之前,我跟同学说:"我说话比较直,可能没有照顾到你的心情。你现在的心情是更气愤呢,还是稍许有点缓解呢?"同学没直接回答我的问题,却说:"前世不修,今世少福报吧。"听着同学无可奈何的话,显然她还是悲观的。一个人如果不能明白自己与子女之间的关系应如何处理,恐怕各种烦恼将会如影随形,难以化解。

幸福的妈妈,总是先做好自己,然后做孩子的榜样。

45 岁的他倒下了

昨天,朋友唐总给我发来一段截图消息,内容为:

"唐总,您好!很抱歉打扰到您!我是陈某某的爱人,他不幸脑出血,后续治疗费用太高,家里拿不出来,迫于无奈发起水滴筹,麻烦您帮我转发证实一下,谢谢您!"

唐总的朋友:"陈某某生病了,是 120 送去抢救的。他已失去意识,听说医院已下病危通知书了。他的老婆在武汉,上海这里他一个亲人也没有,同事都去医院了。他的老婆发起了水滴筹,我帮忙证实了。你没啥问题吧?"

唐总:"希望每个人都珍惜来之不易的健康,也希望这个两娃家庭可以重回健康快乐的生活。"

读这样的消息,令人感到心塞。经了解,11 月 20 日晚,陈某某在公司开会时突发脑溢血,被同事紧急送往上海长征医院抢救。好在抢救及时,命保住了。因出血量大,并在脑部形成血块,手术一次无法全部清除。医生说,接下来需要做一次开颅手术,希望病人家属备好 60 万元的手术费。至于术后治疗、康复等费用还不在此列。面对这一天文数字,常年在武汉家里照顾父母和孩子的陈某某的妻子一下子傻了眼。

都说砸锅卖铁也要治病,可砸锅卖铁能卖多少钱呢?想到年迈的父母前不久也双双出了车祸,想到年幼的孩子不能这么早就失去爸爸,这位 36 岁的家庭妇女除了抱头痛哭,再也没别的办法了。

联想那些过劳致病或致死的年轻人和中年人,多源于投身工作注重业绩而忽视了自己的身体。如果说为了养家糊口而不得不置健康于身外倒是可以理解的,若是为了某个设定的目标而承受长期熬夜或心理压力的付出,那只能自受果报了。

人们常说,量入为出。如果入不敷出,那就是自身的问题了。人人都知道"健康是第一位的",可仅仅知道这句话就够了吗?我们还要用实际行动去维护它才是。要知道,我们一旦中途丧命,一切努力都半途而废。目标挫败倒是小事,家人失去亲人的痛苦是无法用任何东西来填补的。

我的一位新加坡朋友曾跟我说过对"俗"和"仙"的理解。朋友说,当我们不能满足自己时,就会要名要利,就是谷底的"俗人";当我们对自己宽容和满足时,就能让境界高达山顶,就成了山上的"仙人"。朋友还说,我们的心可以无限大,那是融进了健康、幸福、满足的精神和境界;然而,我们的心又那么小,天下有那么多朋友,怎么可以容得下,说想念很多朋友肯定不是真的想;想做很多事,也最终是自欺欺人、自以为是。我跟朋友说,我们每个人都有自己的人生哲学,为了实现自己的理想,不惜付出和努力,这都值得称颂,但我们也要清醒,为了理想而付出应该有前提,那就是不能忽视了自己的健康。我总以为,我们要做些力所能及的适合自己的工作,不能什么都想要。每个人都有自己的体质和能力,我们要根据自身的实际去合理地定位自己的工作。

任何事物的质变都是量变的积累。联系文前的那位陈某某,虽然我们并不相识,但我可以推断他的脑溢血一定是有征兆的。就像我,睡眠一不好,血压就会高,血压一高,头就会晕。当然,每个人情况不同,但多少会有些身体反应的。十年来,我一直在通过各种方式精心维护着血压。尤其到了冬天,血压比其他三季明显要高些。台湾朋友问我,说即使像我这样努力控制血压,如果哪天还是会一下子挂掉的话,那不是白费劲了吗?我说,尽人事,听天命吧。不过,我还是相信一点,努力维护总比不维护要强一点,这是科学。

生活的质量决定了生命的远近。生命的距离,就在我们的脚下,可近可远,就看我们怎么走了。

知客老爷

每遇红白喜事,办事人家总要请一位知客老爷操办各种事务,诸如安排座席位置、酒菜上桌时间等。阅历丰富、办事老到的知客老爷不但能说会道,考虑问题周全,而且遇到临时性的突发问题也能及时化解,不会给主人家添乱丢面子。相反,资历浅做事毛糙的知客老爷,往往会因为缺乏处理问题的经验而给主人家造成被动的局面。知客老爷,就是办事人家这天指定的全权代理人,不管遇到什么事都要找这个"大总管"帮助协调解决。能做知客老爷的人,一般多是村上或亲戚中被敬重的人。当然,知客老爷不会是干部,基本都是老百姓。

三姑结婚时,奶奶请了邱庄大队八队的黄三爷做知客老爷。催妆这天上午,奶奶给我布置了两项任务,一是请黄三爷晚上来家里吃饭;二是请生产队里帮忙的几位长辈来吃午饭,说下午要在院子里搭棚子,还要到各家借大板凳。这天晚饭时,堂屋里摆了两桌酒席,知客老爷黄三爷坐上席。

晚饭后,黄三爷召集帮忙的人开会,商量明天各自要忙的活。他先问厨子李大爷明天总共有多少桌人,共开几排席;确定明天几个人上菜,一个人承包几桌,既不能漏上菜,也不能上重菜,上菜的托盘有没有备好;谁烧锅做饭,需要多少斤大米;哪些人洗碗洗碟,哪些人清理饭桌;烟酒要指定专人负责,避免浪费。最后敲定明天舅舅来谁陪同坐主桌,明天来带新娘的人是多少人,对方有没有请乐队等等。黄三爷把情况一一了解清楚之后,他对所有人说,明天帮忙的人都来吃早饭,大家要早一点到,吃好早饭有好多事要做呢。我坐在旁边听着黄三爷像个干部一样,好多事想得很周到,分工到人,任务明确,我很钦佩他。

第二天早饭后,黄三爷跟我说,大风啊,你现在就骑自行车去请你小舅爹来,只要他今天高兴了,我们什么事就都顺利了。奶奶高兴地说,还是黄三爷想得周到,主动去请他,他什么时候到,是他的事,我们就不失礼数了。小舅爹是奶奶的弟弟,是姑姑的舅舅,今天他能早早来,就像黄三爷说的那样,什么事都会顺利了。等我把小舅爹请来时,就听到从打谷场那边传来一阵乐队演奏声。奶奶见到小舅爹早早地到来,高兴得合不拢嘴。这时,我听到黄三爷对奶奶说,大嫂啊,你看看,你亲家请乐队怎么也不通知我们啊,幸亏我们多备了一桌酒席,要不然的话,这不让我们临时乱抓瞎吗?

到了坐席的时间了。黄三爷请小舅爹坐到堂屋里的主桌上席位置。大舅爹虽已去世,但大舅爹家的大表叔来了。主桌主席只能坐一个人,大表叔也能代大舅爹坐主桌上席。当然,小舅爹坐主桌上席没错,但大表叔如何安排位置不能简单对待。这时,只见黄三爷来到大表叔面前,先是递上一支烟,然后微笑着说,他大表叔啊,大舅爹不在了,今天你可以代他老人家坐上席,但小舅爹来了,我们也得尊重他。我想这样安排你看行不行,小舅爹坐主桌上席,你坐次桌上席,你看怎么样?大表叔是军人出身,并不在意这些礼数,既然知客老爷这么客气,他也就笑着对黄三爷说,坐哪里都吃饭,不必这么讲究的。于是,大家各自欢喜落座。奶奶连连夸黄三爷会办事,只要话说在前面,说得体面,让人听得舒服,别人就不会怪你。如果想得简单,随意安排,人家闹心你还不知情呢。

当然,不是每个知客老爷都能像黄三爷这样大事小事应付自如,场面既热闹又有序,忙而不乱,有条不紊。

邱庄四队的徐小三结婚时,他的一个好朋友自告奋勇主动要做知客老爷。邻居张大爷闲聊时跟我们说,那个知客老爷做得,简直乱成一团糟。说当天来吃喜酒的人,竟然都抢位置坐,谁抢到谁坐。结果是,有好几条板凳上都坐着三个人,人多筷子少,可谁都不愿下来。知客老爷先是耐心劝解,说头排席吃好不就轮到第二排席了吗,很快的,现在大家都抢位置坐,谁都吃不好。可没人听他的话啊,他就发起火来,说来的都是亲戚朋友,干吗要抢饭吃啊。

上菜的人看每张桌子都坐满了人,就吆喝着上酒菜了。帮忙的人头天没有分好工,有的一桌上了两碗同样的红肉,好久没吃过肉的人见肉眼红,拿起筷子就抢吃;有一桌坐的全是女人,桌上的两包香烟都被旁边的人给抢走了,两瓶酒也被人装进了裤子的口袋里。

喜酒吃到一半时,徐小三的舅舅来了,年轻的知客老爷也不认识他。舅舅被怠慢了,气得连酒也没喝饭也没吃,转身就回家了。徐小三的父亲听说舅舅上门喜酒都没吃上就走了,连忙骑着自行车去他家请。徐小三的朋友们坐了满满两大桌,他们喝酒划拳,兴奋忘我,全然不顾还有好多人在院子里等着吃饭呢。徐小三的母亲气得直跺脚,说徐小三的朋友都是些什么人啊,全是酒肉朋友嘛。

张大爷接着说,徐小三的那个朋友以为知客老爷是好做的,认为使唤人是件容易又光彩的事,尤其在这天所有人遇到各种问题都要向他请示汇报,自然会有一种众星捧月的感觉;他口袋里不缺烟,吃饭时不缺酒,每个人对他都笑脸相迎,酒桌的上下席谁来坐都由他安排,满满的成就感。可他没想到,让他挠头的事一件接着一件。

不是每个人都可以做王熙凤的,能驾驭并控制局面的多是经历和阅历的积累,不是自我感觉良好的一时冲动。做力所能及、尽力而为的事,既不会为难自己,也不会让别人感到难堪,所有冲动、妄动、盲动的行为,最终都会让自己被动。通过对知客老爷的了解,能让人明白一些做人做事的道理,这对初入社会的年轻人来说,应该可以得到很多启发。

他就是皇坟村的儿子

午后的阳光,暖暖地照在国太寺的院落。是时,皇坟村的几位老阿姨刚从斋堂用好午斋,她们坐在药师殿前,沐浴着冬至前的阳光。当我问及慧祥小师父来到国太寺这三年的情况时,她们争先恐后说个不停。我虽听不懂当地的方言,但能从那洋溢的表情中感受到她们对慧祥小师父的喜爱。高时珍阿姨是善琏镇上的人,她会说普通话,于是,我就请她给我讲讲慧祥小师父的事。

"那时,国太寺叫古墓禅寺,是当地一座有名的古庙。先前的那位师父在此住锡,没几年就走了。当地的信众都觉得那个师父不是真心弘法,不是真心建庙。三年前的春天,觉明师父住持古墓禅寺,那年年底慧祥小师父也来了。说实话,当时也不怎么相信他们,毕竟先前的那个师父伤害了我们的感情。

"人嘛,总是通过一些具体事才能了解对方。后来,我们听说古墓禅寺改为国太寺。还听敬老院(善琏镇社会福利院)里的人说,国太寺住持觉明法师中秋节前夕给老人送月饼,送保暖内衣,还有黑芝麻糊什么的,我就觉得这个师父是真心真意来弘法的。有一回,慧祥小师父去镇上办事,半路上看到一个村民不小心掉入河里,他就跳进河里救起了那个村民……这件事一传十,十传百,我们就知道了。

"那时,觉明师父经常去上海的龙华寺,国太寺就慧祥小师父一个人护庙,我们几个老姐妹只要有空就来庙里,请小师父给我们念经讲经。每次他知道我们要来,就提前打电话给我,说他开车来接我和几个老姐妹。我做过右髋骨大手术,小师父有时给我们做佛事前会主动关心我,问我下跪拜佛时腿痛不痛。还说,如果不方便的话,就向佛打个招呼,合掌鞠躬也可以。每次他接我们来,还要送我们回家,我们心里都过意不去呢。"

我问道,慧祥小师父刚来时,人生地不熟的,一个人看庙护院,您觉得他受过委屈吗?

高时珍说:"我们这里有个风俗,就是如果哪家死了人,就会在第一时间到土祖庙报个到。皇坟村的土祖在国太寺里。有一天,村上有个老人在凌晨死了,死者家人半夜三更地来敲国太寺的大门。小师父年纪轻,觉睡得实,一时没被叫醒。见小师父迟迟没有起来开门,门外的那些人就很不高兴了,于是翻门而入,把小师父狠狠地训了一顿。小师父也不知道这个风俗啊,但一见人家披麻戴孝的,不是事急也不会对他出口不逊啊,就连连向人家赔不是。事后,那户人家可能也觉得做得有点过分而感到难为情吧,还专门到庙里向小师父说道歉的话。人啊,多数都是讲道理的,以心换心嘛,理解了就好了,你说对不对?"

说到这里,高时珍指着坐在一旁的陆阿姨说:"有一次啊,慧祥小师父头痛发烧,这个陆阿姨知道后,就去采草药,熬好汤药端给小师父喝。那些天,陆阿姨每天来庙里给小师父做饭吃。"陆阿姨说:"小师父人好呢。我们在前面的田里干活,他总是提醒我说,你年纪大了,不要做得太累。让我歇歇呢。"

高时珍接着说:"有一天,国太寺有佛事活动。小师父早早地打电话给我,让我们几个老姐妹到庙里吃早饭,还说等会儿他就开车来接我们。我记得那天早饭是吃面条,一人一碗,盛到最后还差一碗,他就让给我吃,我说什么他都不依。我有一位老姐妹,她说她去过好多庙,没见过有这样的好师父。前些天,因为有事,我三天没来庙里,小师父打电话问我是不是有什么事。被他这样一问,我不禁有点自责起来了,应该事先跟他说一声才对。你看,让他担心了呢。说实话,我有两个儿子,大儿子54岁,小儿子49岁,他们也没有像小师父这样对我好啊……"她说着说着,眼眶有点发涩了。

提到国太寺修缮问题,高时珍叹口气说:"去年啊,我见到觉明师父和慧祥小师父因国太寺修缮报告没有批下来,他们因这件事操心焦虑,又黑又瘦,我们打心里心疼他们呢。唉,我们也没办法,只能安慰安慰他们吧。遇事不能急,慢慢来吧,好事多磨嘛,你说对不对?反正我们这些老姐妹都知道,这两位师父是诚心诚意要修庙的,是实实在在要在这里弘法的。所以啊,我们现在每天都来,把这里当成自己的家了。"说完,她还补充了一句,"今年啊,我和另一位老姐妹也皈依了呢。"

得知我要写一篇慧祥小师父的文章,远在洛阳的慧如同学打来电话,说她前段时间在国太寺草染手绢中,慧祥小师父给她最深的印象是,勤快,不怕苦和累,忠厚少语多笑容。与我同行国太寺的上师大朱老师有感而发,说"他就是皇坟村的儿子"。

用温暖的方式为生命送行

华卫同学跟我讲过一件事。她说几年前她邻居的儿媳妇被诊断为肝癌晚期,40岁身患癌症,既被病痛折磨,又对死亡产生恐惧。华卫想给病者送些安慰,可她只能说些不痛不痒的话,对病者来说无济于事。由于肝癌晚期,精神上又备受折磨,那个病者不久就去世了。

这件事,刺痛了华卫的神经。她想,如果自己懂得"安宁疗护"这方面的专业知识,或许还能给类似于这样的病者一些温暖,让她们在生命最后的时光里带着美好离开这个世界,那样多好啊。一个偶然的机会,华卫得知上海觉群基金会招募义工,培训志愿者"安宁疗护"专业知识。她想参加学习,得到了家人的支持。经过专业培训后,华卫走上"安宁疗护"志愿者道路。

那是7月的一个星期五下午,华卫和志愿者走进上海临汾社区卫生中心临终关怀病区。她来到一间住有六个病人的病房。这天,病区正在为当月的一位病者过"生日"(病程满一年为"1岁"。对于癌症晚期的人来说,在这里"5岁"为一个坎)。华卫拿着一块蛋糕,一边微笑着一边跟一床打招呼。没想到,一床神情木然,根本不理会她。之前,病区一名社工介绍过一床的情况。他今年60多岁,膀胱癌,平日里没有家人来探望,心情长期处于压抑状态。这是华卫第一次走进病区,也算是初步了解病人情况。于是,她和二床搭话了。二床比较乐观,也很健谈,他是肺癌患者,九十几岁了,看上去是个知识分子。他对华卫说,人啊,活的就是心态,像到了他这样的状况,活一天就赚一天。老先生还说,与其忧闷地死还不如乐观地活。

那个下午,华卫通过与一床和二床的接触,了解到人与人之间对于生命的不同理解。离开病区之后,她又想到了一床,可能初次接触的缘故吧,一床有回避的心理也属正常,如果多去几次,情况可能会有好转。毕竟,人心都需要温暖啊。

人同此心,心同此理。想到自己的家人都不来关心自己,人家一个陌生人还主动来嘘寒问暖,再漠然待人,情理上也说不过去啊。通过每月一次活动的多次接触,一床的心境开始慢慢变得舒朗起来。华卫再去病区时,一床主动和华卫说话了。有一回,一床竟然主动请华卫帮他拿杯酸奶,华卫很高兴地将床头柜里的酸奶拿给他。华卫借机对一床说,你看,你比一个月前胖了呢。一床说,我哪里会胖啊。华卫说,不信,你拿镜子照照看。一床说,他没有镜子。华卫便打开自己手机里的自拍功能让他看。一床可能心生感慨,看着自己的样子,声音有些沙哑,说已经好久没有看到自己的样子了。华卫问一床他的"生日"是几月份,一床说是3月份,还说他到明年3月就"5岁"了。华卫说,到了来年的春天,一定为他庆祝"5岁生日"。一床高兴地点点头,脸上泛出久违的笑容。

那天回到家里,华卫对家人说,想给一床买个小镜子。没想到,她的爱人说,医院病区里是不允许病人有镜子的,以免有的病者为减少痛苦将镜子砸破用来割碗自杀。华卫觉得有道理,便放弃了为一床买镜子的想法,还是一如既往地每个月去一趟病区看望一床,每一次去,都能感觉到一床有新的变化。

时间一晃到了一月份的活动。华卫又去看望一床了,还特意去面包房给一床买了两盒小点心。那天下午,有义工买来康乃馨,华卫也拿一支送给了一床。一床说,还是送给平日里有家人陪护的人吧,那样每天可以换水让花保持新鲜的样子。华卫听一床这样说,心里顿然生起一个概念来,当一个人心里拥有对美的向往时,他的生活就是乐观的、欢喜的;当一个人对周遭的事物漠不关心时,如果不是为了某件事专注而不能分心,那么他的内心一定是麻木的、冷淡的。

那天下午,华卫还与三床的家属聊天。家属问,你为怎么会从事这样的工作?华卫说:"其实,我们每个人都是要经历临终这一天的。来到这里,通过这些病者的身心状态,我能感受到他们在这个时候最需要什么。"家属问,你面对的都是陌生人,你怕不怕?华卫说:"我见过自己的家人去世前的样子,知道他们最需要的就是亲人给予的关怀。我来到这里,是把这里的病者当作自己的家人,所以,我一点都不害怕。相反,我时常会换位思考,如果我是他们,躺在病床上,我会怎样看待自己的需求呢?"

新冠疫情在春节前突如其来,春节后更是肆虐严重,"安宁疗护"志愿者停止了工作。华卫答应为一床过"5岁生日"的承诺不能兑现了。11月的一天,觉群基金会组织培训,华卫得知主讲人是临汾社区卫生中心临终关怀病区黑主任时,培训结束后就找她问询一床的情况。黑主任说,一床蛮好的,病区在3月份给他过了"5岁生日"。说着,黑主任还从手机里找出了那天病区给一床过生日的照片。华卫看着照片中笑得灿烂的一床,这才放下心来,心里欠一床的承诺也释然了。

圣诞节这天下午,阳光暖暖地照着大地。坐在我面前的华卫,讲述着她一年多来的经历。我问她从事这项工作的心得,她说,当下我们还缺乏对死亡的教育,其实我们国人很需要。每个人都要面对的事情,我们应该学会如何面对,而不是回避。有思想准备和没有思想准备,结果是完全不一样的。病人家属和病人的想法如果不能取得一致,最终受伤害的还是病人。作为亲人,我们不能用感情绑架生命。与其让亲人备受折磨,还不如用温暖的方式让亲人体面地离开这个世界。

对于生命,我想到了叔本华。他认为,在一个世界中生命实体可以寂灭消失,但在另一个世界会获得重生。对于生命的欲望,他定义为"生命意志",阻碍这种意志连续性的就是死亡,而让死亡产生恐惧的就是对死亡实质的教育。换句话说,人要坦然地面对并接受死亡,不管是自己还是亲人。当然,叔本华反对自杀的选择。在他看来,生命应该是寿终正寝,或应该是以温和的尽量减少痛苦的方式告别这个世界,那才是对生命的一个完美交代。如果以一种"吓人的方式"(不管是本人的选择,还是家人违背癌症患者本人意愿的诸如手术或化疗、插管的选择)结束生命,都是对生命的不敬,也不能成就生命的重生。

冬日里那个温暖的拥抱

一年春节前的腊月二十,我休探亲假回老家。从淮安汽车站到母亲住的乡村,还要换乘中巴客运车,路程有一个多小时。我想快点回到母亲身边,出站后就招了辆出租车。驾驶员是位女同胞,车后座上还坐着一位大娘。驾驶员得知我去赵集镇,就跟我商量,说解放军同志,大娘去南陈集镇,跟你是同路,你上车我就不带其他人直接走了。我知道,淮安出租车都喜欢多带客,除非你事先要求不能再载客了。我坐在副驾驶的位置上,看驾驶员的工作号牌,她姓秦。

途中,小秦和大娘聊起天来。当她听说大娘没告诉儿子一个人偷偷回老家这件事后,很是担心。大娘安慰她,说没事的,等儿子儿媳下班到家后她会打电话跟他们讲的。原来,大娘患了胃癌。按理说,老人家应该住院治疗才对,更何况再过几天就要过年了。大娘说,儿子儿媳一定要她住院,还说要准备给她做手术。想到大孙子马上就要高考了,儿子儿媳平时工作也很忙,她不想给儿子家里添麻烦。农村人能扛病,拿点药回到家里怎么对付都行。

农民最大的荣耀,莫过于自己的孩子走出农村在城里安家。大娘说,我儿子有出息呢,大学毕业后分配在医院做外科医生,儿媳妇也是大学生,在什么研究所都做主任了。大孙子在淮中(江苏省重点中学)读书,成绩也好,再过几个月就考大学了。儿子儿媳都是孝顺的人,做老的也要自足啊,哪能给儿孙们添麻烦。我回过头看了一眼大娘,她的脸上带着微笑。

听大娘的话,看她的笑,便知她是位善解人意的人。小秦说,做老的越自觉,做小的反而过意不去,人心啊都一样,两好才成一好呢。相反,如果做人太自私太精明的话,谁也不是傻子啊。大娘,你说我说的对不对?大娘接过话说,按我们农村人的话说,做老的不能倚老卖老,做小的不能投机取巧。小秦说,大娘啊,你是好人啊,好人会有好报的,你的病很快就会好的。大娘一听,连连说谢谢你这位大姐啊,托你的福口呢。

车行至武墩大桥时,小秦随口说道,好人的基因传好人,大娘你教育有方呢。没想到,大娘却叹口气说,大姐啊,你不知道,儿子不是我亲生的……他是我娘家的一个远房表姐的孩子。他们家里孩子多,生活苦,孩子又经常生病,怕养不活。小秦问,大娘啊,那你自己有几个孩子呢?大娘说,我这辈子啊没有自己生的孩子。一听这话,小秦反应快,赶紧说,大娘啊,一样的,一样的,亲生不孝顺的多的是。我家的邻居,儿子经常和他妈吵架。有一回啊,还差点打起来呢,幸亏居委会干部及时赶到阻止。那个不学好的儿子,听说从小被他妈宠着,要什么给什么,两个姐姐要是和他拌嘴,肯定是姐姐被妈妈骂。小时候有什么好吃的好玩的,都给这个弟弟。结果呢,他长大了像个狼仔子,还到处欺负人。小孩子学坏,都是大人惯坏的。小孩子学好,当然都是大人教育好的。小秦真会说话。

可能是听了小秦的话,大娘的心里很快又有了阳光。说儿子从小就懂事呢,没有哪个邻居不夸的。那时啊,我就对儿子说,咱农村人,如果没有文化就只能面朝黄土背朝天,过一辈子的苦生活,要是能考上大学,就能到城里生活了,下一代人就永远脱离苦日子了。人啊,眼也贱,你过上城里人的生活,左邻右舍的还高看你;要是你也整天扛着铁锹下地干农活,没人瞧得起你。大娘说,农民的道理都是从泥土里刨出来的。大娘又说到儿子,说他从小学习就好,就喜欢读书,他是大队里第一个大学生。要不是大娘生病,她也不会在城里住一个月,她真不想拖累孩子们呢……小秦说,在自己儿子家里过不是应该的嘛,不要说过一个月,就是过一年,旁人也不好说什么,那是你的福气呢。大娘又笑了,说大姐啊,你真会说话,等大孙子考上大学了,到那时,我就再到儿子家里过上一年。说完,我们都笑了。

到南陈集镇了,大娘下车前掏钱给小秦,小秦怎么都不收,还说,你的钱让这个解放军付了。大娘下车后,跟小秦说,闺女啊,我能抱抱你吗?小秦笑着,紧紧地拥抱了一下大娘。小秦上车后,我看到她的眼眶是湿的。小秦说,她的母亲就是得胃癌死的。可能是触景生情吧,小秦想到了自己的母亲。

很多年以来,我经常会想到那个冬日里深情的拥抱。她们就像即将分别的母女,心里的那份对生命的感念,对亲人的关怀,感人至深。

蔡胖子的白发

1992年除夕日上午,班长说指导员找我。我来到指导员办公室,他让我到星火农场去买两张红纸,说明天就过年了,写几副对联贴贴,喜庆一点,要像过年的样子。就这样,我骑着那辆不知指导员从哪里找来的没有挡泥板的破自行车去星火农场了。

去星火农场综合商店要经过农贸市场,我远远地就听到农贸市场门口有人扯着嗓门吆喝卖淮安大糕(淮安方言)。他乡遇老乡,我心头一热,就推着自行车过去了。只见一个穿着黑色羽绒服、剃着平头的三十几岁男人,站在摆放着一排排大糕和其他食品的摊子面前大声吆喝着。当我走近他面前时,他向我招呼说:"解放军同志,买大糕吗?来来来,淮安大糕,又香又甜又绵软的淮安大糕啊。"我不禁向他笑着说:"我是你的老乡,淮安人呢。"就这样,我们两个淮安人认识在上海奉贤的星火农场,认识在除夕这天上午。

新兵连结束后,我被分配到新兵连隔条马路的靶场指挥连观察班。到了老连队,星期天跟班长请假外出就比较方便了。3月的上海,已满眼见绿,尤其靶场。靶场位于星火农场和新海小镇之间,一大片一大片的农田,夏天有西瓜,秋天有棉花,还有东一个西一个的鱼塘。这天,我迈着轻盈的步伐去星火农场看那个老乡了。老乡姓蔡,他的老婆说菜市场里人都叫他"蔡胖子"。他们一家三口来这里已两年了。那天,蔡胖子和他老婆一定要留我在他们家吃午饭。我说,班长特意交代,一定要回连队吃饭。他们夫妻俩满脸堆笑地对我说,有空就到他们家里来玩。

　　九个月后,我调到靶场场部公务班做班长。从那时起,只要没什么会议或接待工作,我跟场领导说一声,去星火农场就很方便了。这天上午,我到星火农场后,买了些苹果去看望蔡胖子。午饭是在蔡胖子家里吃的。吃饭时,他老婆一边笑一边对我说:"小李啊,大椒炒小咸鱼、黄芽菜烧老豆腐,都是淮安菜呢,我不会烧菜啊。"蔡胖子不住地端起酒杯,很是热情地一边跟我碰酒杯一边说:"来来来,喝喝喝。"蔡胖子的儿子3岁,叫小墩儿,长得虎头虎脑,吃起饭来狼吞虎咽。蔡胖子对儿子骂道:"叔叔在呢,吃饭慢一点。他妈的,好像是饿死鬼托生一样。"蔡胖子的老婆也笑着说:"天生就是没出息的样子。"那天,我们都很开心,蔡胖子和他老婆已把我当作自家兄弟一样了。

　　后来,只要我去星火农场,总会到蔡胖子家吃饭。从他们夫妻口里了解到,他们再苦两年,准备在老家盖两层楼房,等到小墩儿长大结婚时就没后顾之忧了。这我知道,在我们老家,作为父母一辈子的奋斗,就是能给儿子准备一套婚房,才算完成做父母的义务。想到蔡胖子这么年轻,就能很快为小墩子盖楼房,也没白费他们这些年来辛苦的日日夜夜。我打心里为他们高兴。

　　1994年春节后,我从靶场调到86523部队。临行前的一天下午,我去蔡胖子家与他们告别。当我看到蔡胖子时,我先是一愣,继而一惊,他头上怎么多了那么多的白发呢?简直像变了个人似的。他老婆见到我,眼泪就下来了。我不知他们家发生了什么事,就问蔡胖子。他一个大老爷们竟双手捂着脸哭了起来,他老婆站在一旁,眼泪也直往下淌。过了一会儿,蔡胖子缓了缓神,对我说:"小墩儿得了白血病……"他的话令我惊愕不已,我不知如何去安慰他,只见小墩儿正安静地坐在旁边的板凳上玩手里的游戏机。孩子还小,不知道白血病是一种恶毒的病魔。

我要去报到的部队在浦东高桥附近,虽说同在上海,但离星火农场很远。我到新单位后,除了适应新的工作,又为考军校日夜备战,忙得没白天没黑夜的,那时的心思全放在了学习上。

转眼到了 1997 年 7 月中旬,我从高炮学院毕业回到部队。想到蔡胖子,想到小墩儿,我迫不及待地想要去看望他们。一个星期天一大早,我从高桥坐车到人民广场,那里有去金山石化的车,路过南桥,可以转车到星火农场。来到蔡胖子住的地方,已是午后 1 点。敲响那扇门,开门的是个陌生的中年男人,见到我不耐烦地吼了一顿:"你找谁啊?"我忙赔不是,可能打扰到了他的午休。我说找蔡胖子。他没好气地回了句,什么蔡胖子啊。说完,就硬生生地关上了门。

饥肠辘辘的我,失落地走在火球似的太阳下。蔡胖子他们去哪里了呢?是在医院为小墩儿看病吗?还是已回老家了呢?这么多年过去了,我一直没有蔡胖子一家人的消息。

比大饼油条还香的热心肠

有一年秋天,我和同事去北京出差。我换床睡不着觉,清晨便早早起来,想去北海公园走走。路过一家早点店,老板正在一个案板上揉着面做大饼,油条在油锅里滋滋地炸着。是时,天刚蒙蒙亮,只有六七个一眼看上去就能知道他们是在工地上做活的农民工,他们正一边喝着豆浆,吃着大饼油条,一边说着他们自己听得懂的话。一听老板娘的话,我心里一热,她是淮安人嘛。她正里里外外地忙乎着,一会忙着给这个拿大饼油条,一会儿又忙着给那个端豆浆。我看见有个老人,身穿一件黑色的薄棉袄,正坐在那个油条锅不远处的地方。北风在晨光里细细地流动着,那香喷喷的油条味在清新的空气里弥散。我所住的酒店里有免费的早餐,因时间尚早,我想在北京尝尝淮安大饼油条的味道。于是,我走进那个早点店。

老板娘忙隙之间,从碗柜里取出一个大碗,盛了一碗豆浆,又拿了一块大饼掰开,然后将一根油条包了进去。她一手端着豆浆,一手拿着大饼油条走到那位身穿黑色棉袄的老人面前。老人向老板娘欠了欠身体,微笑示谢。北京的仲秋,早晨已有点寒意。我吃完大饼油条,喝了一碗豆浆,浑身舒展开来。我付钱,老板娘客气,说不要钱。我当然不能。老板娘对老板说,他是我们老乡,淮安人呢。老板转过身来,笑着跟我说,有空就来这里吃饭啊。我走出小店,看到那位老人还在吃着,他像我和店里的所有人一样,在这个初寒的清晨里让自己的胃感受到一种舒适。只是,我不知道他为何会坐在这清冷的室外,也不知道他和老板娘一家是什么关系。我和老板打了招呼,带着疑问离开了那个早点店,去北海公园了。

上午处理好相关事宜,下午闲着没事,我又转悠到了那个早点店。老板和老板娘见到我很是高兴。因是午后,他们在休息,我们先是聊了一些老家的事,继而又听老板说起他们在外的境遇。最后,谈到了早上那位老人。老板娘说,许大爹作孽呢,按我们老家人的风俗,哪里有老人离家谋生的事啊,没办法呢。老板接过老板娘的话,说许大爹的孙子争气呢,考上北京师范大学呢,乖乖,不简单啊。我问,许大爹这么大年纪怎么还出来呢?老板娘说,他的儿子很多年前因病去世了,他的儿媳妇不是个好东西,扔下老人小孩跟着男人就跑掉了。老板说,那个女人怎么就狠得下心来呢?她走时小满子才12岁,对吧?老板娘说,是的,我记得清清楚楚,小满子那时读五年级呢。我问,那许大爹为什么坐在门外吃饭呢?老板娘说,他怕自己身上脏,影响我们做生意呢。老板说,我早就跟他说过了,到我们这种小饭店吃饭的人,没有人会讲究的,许大爹自觉呢。我问,那他在你们这里吃饭,怎么算账呢?老板娘说,不收他钱吧,他说他就不来这里吃了。收他钱吧,我们又于心不忍。我跟老公商量后对许大爹说,那就一年结一次账吧。老板说,谁能收他钱啊。老板娘说,过中秋节时,我还特意买了一盒月饼送给许大爹呢。老板说,能帮一点就帮一点吧,帮人忙,是为自己积德呢……听着老板和老板娘你一句我一句的话,我的心里不时地有暖流涓涓而淌。我问老板,那许大爹平时做什么事呢?老板娘抢过话说,在北海公园那里捡易拉罐和矿泉水瓶呢。老板叹口气说,唉,他不容易呢。

我借事离开了老板和老板娘,向北海公园走去。还真是巧得很,我来到北海公园门前,远远地看到了许大爹弯着腰在一个垃圾箱边,正用脚将一个易拉罐踩扁,然后放进那个针织袋里。为避免突兀而引起不解,我四下张望,看到不远处一个水泥台上有一个矿泉水瓶,就拿着向许大爷走去。当我把矿泉水瓶送给许大爷并用淮安话跟他说:"许大爷,这个瓶子给你。"他先是一愣,接着问我:"你怎么知道我?"我说我刚从那个大饼油条店过来,他笑着对我说:"原来你也是淮安人啊。"就这样,我们聊了起来。许大爷向四周看了看,然后对我说,走,到那边有太阳的地方吧。那个秋天的下午,在北海公园附近的一个角落的阳光下,我与这位淮安老人说着暖心的话,感受着人与人之间的亲切无碍。离别前,我将身上仅有的四百元钱放进许大爷的口袋里。他说什么都不要,还跟我急了。我说,等小满子毕业后工作了,让他请我吃饭。许大爷露出笑脸,说,那一定的,那一定的。

　　走在回酒店的路上,想到我们每个人在生命的旅程中,大家都是异乡人,彼此能给点温暖,将来对自己也有个好的交代。

父亲,您不该瞒着我

这是一个朋友的故事。

我生活在一个贫穷的家里。听母亲说,我在4岁之前大脑不好。每次母亲跟我说这句话时,父亲就更正母亲的话,说不是我的大脑不好,只是我的记忆力差一点。对此,母亲就会较真起来,说记忆力差也太过分了吧,怎么隔几天的事就记不得了呢?最后,他们的争论不了了之。因为,医生对我的问题也说不出一二三来。不过,我到了4岁那年的冬天,大脑好了,记忆力也好起来了。对于这一点,父亲和母亲的意见是一致的,他们都说我生了一场大病之后,就什么都记得了。

我考高中前夕,母亲每天早晨都会给我煮个鸡蛋,说多补补大脑。母亲知道我成绩好,按她的话说,只要我保持那样的学习劲头准能考上大学。母亲是个要强的人,说如果我能考上大学,就是她的光荣和骄傲。那时,我们大队里还没一个大学生呢。有一天,公社电影队队长见到我母亲还说,只要大丫能考上大学,就到我们家放三天电影。母亲为这句话欢喜了好多天。母亲跟父亲说起我考大学的事,没想到,父亲却让我考中专,说只要考上中专就能农转非了。可母亲坚持让我考大学,父亲急了,说只能让弟弟考高中读大学。我原以为父亲曾是军人,一定不会重男轻女,更何况母亲还带了头。为这件事,母亲不搭理父亲好多天。眼看就要到中考填志愿的日子了,母亲心里急了。有一天晚上,母亲主动讨好父亲,给父亲端洗脚水,一边给父亲洗脚一边轻声说,还是让大丫考高中吧。没想到,父亲一下子将洗脚盆打翻了,几乎是怒吼起来:"再提这件事,你可别怪我……"母亲的眼泪下来了,也跟父亲急眼了:"大丫怎么就不能考了?再苦再累的日子我来背……"母亲急眼的两句话,我只听到她前面一句话的声音很大,后面的那句话完全是顺着泪水淌下来的,失去了本应该有的力度。父亲没再发脾气,只是坐在床沿上抽烟生着闷气。

我不想因这件事让母亲和父亲闹得不愉快。最终,我还是按父亲的意愿,填报了中专。当我拿到江西省卫生学校的录取通知书时,母亲并没显得怎么高兴,哪怕我是生产队里第一个通过读书可以"农转非"的人,哪怕我在全校中考中取得第一名骄人的成绩。我知道,母亲为我感到惋惜,我应该是块大学生的料。毕业后,我被分配到赣州中医院工作。在弟弟高考前的那些日子里,父亲像打了鸡血似的,整宿整宿睡不着,特别是弟弟考上四川大学时,父亲特地到一家饭店订了三桌酒席,请了亲戚来祝贺。想到当年父亲硬是不让我考大学,虽然那天他从田里回到家看到我的录取通知书时,骑着自行车去街上买了条鱼和猪肉,可我一点都高兴不起来。为这件事,我心里一直埋怨父亲。特别是当他为弟弟金榜题名时请了那么多亲戚时,我的心里甚至有点怨生恨了。当然,我还是为弟弟高兴的,只是觉得父亲对我不公平。虽然那时我已结婚成家了。

那是一个落雨的夜晚,我随医院到了九江抗洪前线。想到弟弟明天就去大学报到了,我却不能为他送行,感到有点愧疚,这时接到了弟弟打来的电话,说父亲出了车祸,在第一人民医院没有抢救过来。我家在赣州,与九江天南地北,想到我肩负抗洪救护使命,无法为父亲送终,泪水只能往肚子里咽。

抗洪结束回到赣州的那段日子,我每天下班后都会去陪母亲。从母亲话里得知,父亲出事那天傍晚,是和弟弟去镇上买一条褥子。

有一辆汽车向他们横冲过来,危急时刻,父亲把弟弟推到一边,自己被撞出了五米开外……有一天晚上,母亲有话想和我说的样子,感觉她欲言又止,过了好一阵才对我说,大丫啊,你知道你父亲为什么一定要让你弟弟考大学吗?我摇摇头,这正是多少年来我想要的答案啊。母亲话未出口,泪水已淌下来了,她拿着一张照片给我看,然后说,你是知道的,你父亲不是那种重男轻女的人……我看到父亲和他战友的合影。母亲指着父亲旁边的那个军人说,他是你父亲的班长,有一回,你父亲投弹失误,是他用自己的命救了你父亲的命……他的儿子,就是你弟弟小石头。小石头2岁时,他的母亲生病死了。小石头没有爷爷奶奶,你父亲就……母亲说到这里已泣不成声了。我看着身着军装的父亲,看着他的班长,想到父亲对弟弟付出的点点滴滴,我的泪珠顺着脸颊滴落在两位军人的照片上……

听易素芹大姐讲她过去的事

12月6日,是一个极为平凡的日子。这天下午,通过战友的介绍,我来到上海都市路的梵针中医诊所,坐在易素芹大姐的面前,听她讲自己这十几年来的艰辛和不易。

1998年9月,她的老公因胃癌去世。那时,她32岁,大儿子11岁,小儿子9岁。家里的天塌下来了,她还有力量支撑起这个家吗?老公从生病到去世花了很多钱,她只是个农村妇女,仅靠种田、养猪、养鸡、养鸭,这个家已难以为继。老公不在了,两个儿子一天天长大,她不能让儿子读不起书啊。自己虽不怕吃苦,可有限的田里刨不出金子来。养些家畜也只能维持日常的开支,不能就这么干着急啊。她想到了在上海打工的妹妹。1999年春天,她把正在长肉的猪和还没完全出笼的鸡和鸭全部卖掉,又向朋友借了200元钱,将两个儿子托付给婆婆,就只身来上海了。

初到上海,她又没什么文化,只能到中介所寻钟点工做。白天去株洲路一户人家烧饭和接送小孩子,晚上就回到中介所住宿。中介所5块钱可以住一晚,虽没有床,也还是可以对付一下的。为了节省开支,有时一天她只花5块5毛钱,那5毛钱是用来买一个馒头充饥的。那时,每个月能挣到900元。屋漏偏逢连夜雨。有一次,她在广中路上没留意手机被小偷偷走。还有一次,有个窃贼竟然抢劫了她的手机。无助的她,只能坐在路边抱头痛哭……半年后,她实在想两个儿子,就回了趟家。回到家里婆婆吓了一跳,原本140斤的她,人整整瘦了一大圈,只有100斤了。

　　再次回到上海,她在新同心路一家做保姆。她是个懂规矩的人。每天她把饭菜烧好端上桌,自己就待在厨房间,等主人一家吃好,她收拾好饭桌洗好碗筷,才在厨房间吃饭。人家的床不能坐,客厅里的椅子也不能坐,在别人家里,样样都得小心翼翼。人,总会有疏忽大意的时候。有一次,她从外面进屋,忘记了换鞋子,结果被女主人说了一通,她的脸红到了脖子,心里难过了好久。这不是自己的家,确实是自己的不对。人,总得学会满足。相比刚到上海那会儿,白天做钟点工到处跑,晚上挤在中介所,毕竟做保姆吃住不成问题了,也算是获得暂时的安心吧。有时,过年过节什么的,主人家也会发个红包。为了儿子的学费,她把每个月的工资都存起来,主人家给的红包就作为自己平时的零花钱。农村人吃苦是不怕的,再累的身体歇一晚上就能得到恢复,可被人家批评的滋味就不怎么好受了。心里的那份委屈,只能默默地咽进自己的肚子里,她没有人可以诉说。

　　异乡求活,再多的苦水,只能自己咽。她想两个儿子,他们正是需要母亲疼爱的年龄。可家境不允,她只能咬紧牙关,为了儿子读书,暂时的离别都是为了将来。晚上,躺在床上,她告诉自己,现在千万不能生病啊,两个儿子还没长大,家里的所有开支可不能断啊。想到英年早逝的老公,她的泪水只能流在深夜的被窝里……

　　岁月静流。再苦的生活,人也总会慢慢长大。她的两个儿子完成学业后,有了各自的工作。他们懂事勤劳,也先后娶妻生子。2019年12月16日,对她来说,是个喜泪交集的日子,大儿媳妇给她生了个大胖孙子。那天,她一边欢喜着,一边流着泪,口里骂道:"骆金宝(她的老公)啊,你这个死鬼,我对得起你了,今天你有孙子孙女了……"从32岁守寡,为了这个家,背井离乡,二十年如一日,挨过饥饿,受过委屈,从青丝到白发,这一声骂,骂出了多少苦衷和希望,骂出了多少坚忍和喜悦。

  想起婆婆,她感到很遗憾。婆婆在家里带两个孙子,十几年来洗衣做饭,悉心教育疼爱。没想到婆婆不慎摔了一跤,一年后就去世了。2015年5月,老人家去世前,含着泪拉着她的手说:"你是最好的……"她多想好好孝敬婆婆啊,可81岁的婆婆没能享到大儿媳妇的福。

  如今,她在梵针中医诊所为大家烧饭做菜,清洁卫生。她的朗朗心态,眼勤手快,不管是医师还是客户,总会被她的热情开朗所感染。租住在中医所提供的公寓楼里,她和其他医师一样,在这里感受着美好的每一天。

  这十几年来,她从株洲路到新同心路,从谷景路到都市路,这一路,她走过的是艰辛和希望,是苦熬和美好,也是自己体味人生的一次次经历。提到过往,她说,在家庭遭遇苦难时,是石塘镇十里村骆庄组的近邻远亲向她伸出了援手。那份真情,已融入每天的阳光,在她的心里照耀着。

  听完易素芹大姐的故事,回到家里我查阅了史料。今天,是欧洲传统的圣·尼古拉斯日。传说在公元3世纪,生活在芬兰北部的尼古拉斯老人,他拥有很多财富,遇到穷困人家,总是慷慨地伸出援助之手,帮助人家渡过难关。我想,生活在这个世界里的人,每个人的道路虽不尽相同,但总会有遇到坎坷的时候,如果我们能勇敢地跨过去,就一定会遇见新的曙光。

残酷的背后依然有阳光

近日,我的一位小友阿成遇到了一件麻烦事。阿成说,他与女友交往一段时间后,觉得有点不合适,可对方却无法放下,两个人的心情都有点乱,想请我开导开导那个女孩子。于是,我们三个人约在滨江西岸见面。

这是我第一次见到阿成的女朋友,她虽化了妆,但仍能看出那张泛出倦意的面容,可能是缺眠所致吧。阿成猛吸着烟,试图放松那收紧难扬的表情。我是过来之人,能理解他们年轻人此刻的心情。还是女孩先开了口。听下来,我了解了大概情况。女孩欣赏阿成,时不时地通过各种形式主动表现出对阿成的欢喜。可阿成始终处于半推半就的那种状态,既没拒绝,但也没能像女孩那样十分用心。在女孩看来,如果阿成不喜欢她的话,就应该直接拒绝她啊。听得出,女孩是个性格直率的人。直率的性格在情感面前似乎也毫无力量可言,女孩说着说着,泪水就淌下来了。

阿成说,起初他是喜欢女孩的,不然他们是不会相处的。可处着处着总觉得彼此的生活观念不是十分的契合。观念是通过性格展示个人的生活倾向和文化理解,哪里能说改就改呢。感情这东西,它勉强不了的,丝丝毫毫牵着心情。阿成说他也不是傻瓜,当然能感受到女孩对他的用心。可后来,女孩越是对他好,他就越感到不踏实。在他看来,如果明知不能给女孩好的结果而仍然给她希望的话,就是不道德的行为。所以,他才在几天前下决心向女孩说出了他暂时只想过单身生活的想法。我也听得出,阿成是个心地善良的人,他也不想伤害女孩,可女孩一时很难放下这段感情,心里没有秩序,生活乱成一团麻。

他和她,都是善良的人。她为了不让爱轻易失去,伤心难过想挽留。他尊重她,在经过一段时间相处后觉得不合适,想尽早了断这个不可能有好的结果的缘。听了他和她各自的想法后,我理了理思绪,跟他们说了我近来对于"如是性"的学习,希望对他们能有所启发。

竹子和木头,它们的名称和质料结构都不同,但它们遇到火都会燃烧起来。那个让它们燃烧的因,就像我们人类的爱一样。竹子和木头,象征着男人和女人,只有两情相悦的激情,才能燃烧起爱的火花。为什么有的人始于相爱,处着处着就分开了呢?这就像竹子和木头,它们的结构(对于人来说,可以理解为人与人的观念)不一样,木头一直处于默默地燃烧状态,而竹子却烧着烧着就会噼里啪啦地爆炸开来。为什么有的人婚前深爱,婚后过着过着就会像仇人一样呢?这就像水和油,它们的分子结构不一样,水烧开后放入一把盐,不会发生什么明显的变化,而滚开的油里撒入一把盐,会立即爆炸开来。这其中的道理都是一样的啊。

我们都知道《三字经》里说:"人之初,性本善;性相近,习相远。"因为善(爱),两人走到了一起。后来在相处中,因为习气(习惯、观念、兴趣、性格等等)不同,而让两人越来越远(因陌生产生激情而相会,因了解三观不合而分开)。若能心存尊重,还能好聚好散,相安无事;若失去了尊重,"怨憎会"(与反感的人整天相见)将伴随着每一天,折磨着彼此的生活和心情。现实告诉我们,恋爱中的挽留从来都不会繁花盛果;而婚姻中的"怨憎会",心怀不想让对方好过的人,自己承受的精神折磨,也从来都是堪比对方的煎熬……最后,我强调了一句:爱并不重要,重要的是相爱。

我讲得认真投入,生怕在分析情感的逻辑上出现什么问题,自始至终处于自己的思维中。阿成不时地抽着烟,将烟雾吐在江面吹来的微风中。

当我收起话题时,看到一旁的女孩已不再流泪,安静得像一只很乖巧的小兔子。当我停止说话时,时间顷刻凝固起来。那一秒一秒的时长,远比常态的一分钟、两分钟还要绵延。可能还是性格的原因吧,女孩站了起来,向阿成伸出了友好的分别的手。而后,女孩对我说:"李老师,谢……"沙哑的话还未说完,泪水已淌下来。望着她转身离去的背影,我好像看到她充满阳光的未来……

当爱被强加时就失去了它的原意

我的一位朋友是小学老师,她曾跟我讲起自己收养一个学生的事。近日,我联系这位朋友,想把她的故事写出来。她说,那就不要写出她和孩子的真实姓名。我尊重她,文章里就叫她"陈老师",把孩子叫"安小多"吧。

有一年暑假期间,学生安小多相依为命的母亲因病离开了世界。安小多只有10岁,他觉得自己的命运就像自己的名字一样,在这个世界上是多余的。陈老师获得消息后,心里焦急,这孩子今后怎么办啊?当天晚上,她和丈夫商量,能不能把安小多接来生活。丈夫想了想说,女儿芍芍一个人也孤单,这样她就有了个哥哥,生活也热闹些,先把孩子接过来,明天他去区民政局办理收养手续。就这样,安小多成了陈老师的养子。

从那以后,安小多就住进了陈老师的家里。芍芍和安小多相处得很融洽,像亲兄妹一样。陈老师和丈夫看着打心眼里高兴。两个孩子渐渐长大了,一晃就上了中学。

事情的变化发生在一个星期天的午后。

芍芍在小区里正低头走路时,突然被迎面而来的自行车给撞了。她的左手流了血,那个骑自行车的小伙子还有点蛮不讲理。恰逢安小多路过,看到芍芍被撞伤了,肇事者不但不道歉,反而用粗鲁的话责怪芍芍。安小多火了,一把抓住那个小伙子一顿暴打。不曾想,那个小伙子的几个小兄弟赶了过来,把安小多给打伤了。

安小多住院期间,陈老师每天往医院里跑,心疼安小多的样子让丈夫也觉得似乎有点过分了。刚出院的那几天,吃饭时,陈老师不但自己给安小多夹菜,还让芍芍给他夹菜。起初,芍芍也觉得这是应该的,毕竟安小多是为自己而受伤的。可后来,就连安小多每天上学,陈老师也要给他整整衣服什么的,还特别交代这样那样的。芍芍想,妈妈可从来没对我这么好过啊。一种说不清道不明的嫉妒在她小小的心里开始萌生。

安小多是个聪明的孩子,他意识到了这些,也有意识地回避陈老师过多的疼爱。但没用,陈老师是越来越心疼安小多了。一个星期五晚上,安小多回家晚了些,陈老师让芍芍给安小多盛饭,芍芍有些不高兴。陈老师便责怪起来,还说芍芍怎么这么不懂事。积累已久的在心里的那份隐晦的不畅,终于一下子冲上心头,芍芍对妈妈第一次发了火:"我凭什么给他盛饭啊?"芍芍明白,这话不是针对安小多的。陈老师简直不敢相信芍芍会对自己这样说话,竟打了芍芍一个巴掌。芍芍哭着跑出了家门。

第二天一早,安小多离开了这个家。

这可不是闹着玩的,全家人都出动了出去找。情急之下,陈老师还报了警。星期天上午,陈老师收到了一封信,是安小多写来的。信中这样写道:"妈妈,我知道您很疼爱我,也为我离开家而着急。但您知道,我生活在如此受到宠爱的家庭里是多么别扭吗?如果您真的爱我,请不要对芍芍那样,芍芍才是你们最应该心疼的孩子。妈妈,您知道吗,您越是对我好,我就越感到我不是这个家庭里的成员。您能理解我吗?"

读着这封简短的信,陈老师很震惊。没想到自己的爱和善良竟然伤害了安小多。当天晚上,安小多回来了。陈老师看到安小多进了家门,情不自禁地吼了起来:"你到哪里去了啊?"芍芍在一旁,跑过来狠狠地打了安小多一巴掌,说:"你怎么这么不懂事啊,我们都快急死了。"

安小多听着陈老师这句责怪埋怨的话,还有芍芍的一巴掌,紧紧地抱住她们,心里痛快地大哭了起来……

故事写好后,我给陈老师打电话。说起这件事,她深有感触地对我说,其实,爱就像我们看待其他事物一样,不能总以自己的感觉去强加于对方。当爱被强加时,就失去了它的原意,甚至会适得其反。放下电话,我想到很多家长往往从关心孩子角度出发,结果却伤害了孩子。细想之下,造成这种后果的原因,多是家长从不把孩子作为一个值得尊重的人来对待,而是将孩子视为自己可以随意表达情感的附属品。

那件事，至今我都不知错与对

在桂林读书时，有个星期天我与战友去市区买日用品。桂林市火车站地下广场是个小商品市场，星期天很热闹，我们便去闲逛。就在我们一边说话一边看着各式各样的小商品时，有人从后面把我的鞋给踩了。我回头一望，是个眉心有颗黑痣的女孩。我望着她，等她向我说句歉意的话。她望着我，没说话，只是眉眼处有浅浅的笑意滑过。我也曾不小心踩过别人的鞋子，我会向人家说声对不起，可眼前这个女孩只是看着我。我有点不高兴，拔好鞋子，就和身边的战友嘟囔了一句："这个人怎么连一句对不起也不说啊？"这时，旁边有位中年妇女对我说，小伙子啊，人家姑娘看上你了，这是桂林的风俗。战友一听，开始对我起哄起来。当我们回过头看时，已不见那个女孩的身影。

半个学期转眼过去了。为了活跃学员业余生活，学院宣传科陈干事找到我，想让我在学院内部搞一次个人书法展，作品可以张贴在宣传栏里。一个星期天，我去市区买宣纸和墨汁。书法作品的章法呈现出多样性，可以丰富欣赏的感觉。于是，我想到了桂林市火车站地下广场有风格各异的书画作品，可以借鉴一下。于是，我买好宣纸和墨汁后就去了那个小商品市场。就在我沉浸于一幅又一幅书法作品时，有个女孩的声音从身后传入我的耳朵："你看好哪幅的话，可以便宜一点卖给你。"我回头一看，天哪，不就是那个眉心有颗黑痣的女孩吗？她看到是我，也不由得羞怯起来。气氛缓和了一会儿，我们开始搭起话来。她叫瑶凤,是桂林市洞井瑶族乡人,在这里租铺位已有三年多时间了。就在我们说话的当儿,有个短发的女孩走过来,她叫瑶玲,是瑶凤的堂妹。我们聊了很多话,不知不觉中已到晌午。这时,有个挑着担子的妇女走过来,在瑶凤的摊位前放下担子,就开始忙活起来了。瑶凤悄声跟我说,这是她的二婶,每天这个时候都过来卖饭菜。这时,好多摊主都向这边围了过来。只见瑶凤的二婶拿出饭盒,给那些摊主盛饭盛菜。瑶凤跟我说,她要帮二婶忙了。我离开了小商品市场。

后来,我又去过瑶凤那里几次。还有一回,瑶凤约上瑶玲,我们三个人一起去看了象鼻山。1996年下半年的一个星期天,我又去瑶凤那里,瑶玲把我叫到广场上,说想请我帮个忙。原来,瑶凤的母亲在家里托媒人给瑶凤物色了个男朋友,让瑶凤回去看看。瑶凤不想回去。她母亲有点着急,说连续介绍了几个不错的小伙子,为啥就看不上人家呢?是不是外面谈了男朋友了呢?母亲对瑶凤下了"通缉令",说如果在外面谈了,就带回家看看。这不,瑶玲想请我帮忙,让我和瑶凤去她们家一趟,给瑶凤母亲看一眼让她放心就行了。说心里话,我能理解瑶凤的难处,可这忙怎么帮呢?见我一时没有肯定的答复,瑶玲对我说,这样吧,你回去再考虑考虑,下个星期天我们在这里等你。

在回学院的路上,难得我直摇头,这到底是好事还是坏事呢?到底要不要帮瑶凤呢?我突然想到了13床(见135页《13床》),想到在我需要的时候他不顾一切的神情。我又想到了当地的风俗,万一出什么岔子,自己可没法交代啊。一路上,我一会儿这样想,一会儿那样想,整个人都懵了。

一个星期很快就过去了。星期天这天上午,我没有去火车广场与瑶凤她们见面,而是到陆军学院九队帮他们出黑板报了。那一整天,我心神不宁,度过了一个说不清道不明的星期天。想到13床,我觉得自己有点懦弱,至少在我的心里没有那种帮助瑶凤的决心和胆识。虽然,事实上这天我是受教导员指派到陆军学院帮忙。

毕业前,我去看望瑶凤。瑶玲说,她已离开这里了,去了柳州。二十几年来,每次想到瑶凤,我都觉得欠她一个人情。在她需要我帮助的时候,我却退却了。有时我在想,如果那天瑶玲说到帮忙的事我能表达挺身而出的想法,即使那个星期天因事耽搁我不能去,起码瑶凤也是能理解的。至少,在瑶凤心里,我是愿意帮她这个忙的。人世间,往往因为遗憾或自责而让生命的时光多了色彩,也让人对生活多了许多的感慨。我想,也许这就是人间真情吧。

来居士的烦恼

来居士是我认识多年的朋友。平日里,我学我的哲学他修他的佛法,我们少有来往,只是偶尔相约,分享他的修行心得。这天,我们漫步滨江西岸。秋日午后的风从江面上徐徐扑面,我们走在那段游客很少的栈桥上。

我对修行不太懂,也借机向来居士请教。他说,所谓修行,就是你在向师父讨教或在研学佛教经典中被某句话感染,并触动你去思考,尔后按你思考的道理在生活中找到了对接点。我问他,是不是说在生活中能克服世俗的习惯和观念而特立独行?当然,我说的特立独行,是指区别于世俗世界(佛教称为娑婆世界)里的远离大众的惯性思维和行为而超验因果律的敬畏行为。来居士点头称是。我又请教他,问其近来有什么心得可以分享给我。未料,他却说了自己的烦恼。

江水微波,在秋日艳阳的照耀下起伏着碎银般的光泽。以往,来居士给我分享的都是他修行的喜悦和欢愉,这次我等待他分享修行中的烦恼。他说过去有位庞居士,他对修行的感叹是:难,难,难,犹如十担芝麻摊树上。庞居士的妻子对修行的体悟是:易,易,易,好像百草头上祖师意。庞居士的女儿说:也不难,也不易,饥来吃饭困来眠。接着,来居士由衷慨叹,说修行的东西太多,虽说百分之八十可修,可那百分之二十却是包含着百分之八十的修行成果。我一时没明白来居士想要表达的意思,便请他解释。来居士说,世俗生活中我们常会遇到这样的人,如果你帮他九次忙,一次没帮成,他就会否定你前面帮过他的九次忙。这种现象,是人性里的一部分,而不是九部分。但这一部分,却反映了这样一个人的品质。同样的道理,如果我修了九件成功的事,结果一件没有修成而使我的修行功亏一篑,这就是我的烦恼。

来居士说了半天,我还是没明白他到底想说的是什么,他的烦恼到底指的是什么事。考虑到来居士是修行之人,我不便急于催问,只以缓慢的脚步陪他一起走着。从滨江西岸海事塔一直走到近卢浦大桥处,来居士也没有说出他的烦恼来,我有点纳闷。在我们折回的路上,我到底还是没忍住。他望着对岸的浦东,若有所思地问我,此岸和彼岸的区别在哪里呢?我不假思索地说,区别在于存在时空。来居士笑了,说,是啊,修行的烦恼就是这时空的存在而不能忍辱跨越——跨越是一种意志,而不是时空。我追问,那你的烦恼应该是面对生活中的世俗现象而缺乏克服的意志吗?他直言不讳。我又问,真谛(真实意义)的力量有时还不及俗谛("世俗里的真谛")的力量,我能这样理解吗?来居士听此问,不由得叹了口气,说如果把生命与生活割裂开来,谁又能说得清这世俗里的真谛根深蒂固于心灵深处没有真实的意义呢?听着来居士的话,我心生疑问。修行的人思维简单,怎么他说的话让我一时难以理解呢?来居士仿佛看出我的疑虑,便说,往往越是简单的事,越蛰伏着错综复杂的纹理,这叫由浅入深。同样道理,往往越是复杂的事,越暗含着简单的哲理,这叫删繁就简。

我是个直肠子的人,不喜欢绕弯子,便直白地问他,那你的烦恼到底是什么呢?没想到,我这一问,却惹得来居士哈哈大笑起来。他说,我们说了半天,你却不知道我的烦恼在哪里,看来你也要修行呢。听他这一说,我真是给搞糊涂了。来居士看我一脸的茫然,说哲学只是某个方面的深入思考,而佛学已涵盖了哲学思考的内容,你何不从单一到复杂,再由复杂到单一呢？我说,那你能不能直接告诉我,你的烦恼到底是什么呢？来居士说,站在这个时间点上,我已多了一个烦恼了。最初,我的烦恼是人为什么会有功亏一篑的弱点,现在,我的烦恼是你为什么没能听懂我前面说的"人性里的九部分和一部分的关系"。事实上,如果我能将那一部分的问题解决了,剩余的九部分就不是问题了。来居士还强调一句:"我说的那一部分,可以理解为人的身心健康。"如果一个人还有放不下的烦恼,那么,他所有的努力、所有的事业都会功亏一篑。当然,对于身心健康的理解,也不能过于我执。假如我们把"身心健康"放在生活里的话,就像把"平淡"放在生活里一样,没人把平淡认为是一种幸福。可平淡一旦被打破,你生病了,出事了,平淡不就变成一种幸福了吗？

与来居士挥手告别前,我又重复问他:"你的烦恼到底是什么啊?"来居士坚定地说:"我的烦恼,就是我说什么你都听不懂。"

他的生命本不该停止在那个春天

4月的季节,正值万物复苏,满眼翠绿,一派生机勃勃的景象。然而,那个雨后的清晨,我和朋友们怀着低沉的心情汇聚到殡仪馆,为好友贵君送别。他的老婆撕心裂肺的哭声,令在场的所有人都泪湿眼眶。是啊,贵君在年富力强的时候就离开人世,实在令人惋惜。

我和贵君是多年的朋友。我在部队时,每年从上海回老家探亲,都会到他那儿坐一会儿。他也曾约我稿件,稿件见报后,还不厌其烦地将样报寄到部队来。他从西北某大学硕士研究生毕业后,就一直在报社工作。由于工作出色,有才有华,没几年就被提升为部门副职、正职,几年后,又被提升为报社副老总。仕途一路顺畅,催生了他升官的欲望。副老总的岗位任职久了,看着身边的好朋友不断地得到提拔,他的心开始焦虑起来。有几回,我回去听朋友说,大家每次聚会,贵君总是埋怨领导,而且总借酒以解心头之忧闷。2008年春节期间,我们几个朋友相约,饭后一位朋友跟我说,贵君身体不好了。在回上海之前,我去贵君家里坐坐。他向我吐露心声,说有朋友上调市委宣传部,也有朋友调区里进了领导班子,可他还是原地踏步,有点胸闷……他的老婆生气地说,都病了还想着提拔的事,别人提拔有别人的路子,只要我们全家人健健康康就好。我不知如何去劝慰他,只希望他养好身体再说,机会总是有的。

2009年国庆我又回去,他得知消息一定要请我吃饭。在淮海南路约定的地方见面时,我见他下车时走路都有点不稳。那天,他叫了一位报社的朋友,还有一位干休所所长。吃饭时,我们都让贵君喝点茶就行,他却执意要喝红酒。还说,一风回来了,怎能不喝酒呢。朋友给他的酒里加点白开水,说意思意思就行。贵君问我工作上的事,我跟他说,我是个农民,能在上海谋一份工作就很满足了。对于提干的事我是这样来理解的,领导岗位除了有能力之外,还有不怕烦神的担当精神。像我这样血压偏高的人,不适合做行政工作,只适宜做编辑,做具体事务,一不用烦神人员管理,二不涉及财物诱惑。我还跟他说,母亲了解我,所以她老人家希望我能安全安心安稳工作到退休就行。贵君勉强地笑着说我想得开。

回到上海后,我从编辑部调任民政博物馆筹建办办公室主任。筹建工作启动,我整天忙于各种事务,有时得闲,便给贵君发条短消息问及他的身体状况,但总是得不到他的回复,或者过了好半天才回一条"谢谢一风关心"这几个字。那时,我还业余兼任淮安驻上海商会市直分会秘书长,春节前商会开年会,我与贵君的另一个好朋友、上海社科院的俞教授提到贵君,俞教授说贵君的肝病有点不好。我心里一惊,俞教授跟我感叹,说他还是没想开,纠结于仕途,恐怕是出不来了。俞教授还向我透露,说贵君已来上海看病,住在宾馆里。我说,那我们约个时间去看望他吧。俞教授说,他曾联系过贵君,可他拒绝去探望。我追问缘故,俞教授叹了口气说,听老家的朋友说,贵君现在瘦得不成样子了,可能他也不想让我们这些好朋友见到他不堪的一面吧。

那年过年,我回老家后联系贵君,电话一直打不通,发短消息也没回。作为朋友,我也不能强人所难,只能静候他病情好转的消息了。

一晃到了春天,我在心里为贵君祈祷。那时,民政博物馆筹建工作正处于陈展工作招标阶段,我整天忙前跑后,有时为局领导拟写关于文物史料征集工作会议讲话稿,有时联系招标陈展设计公司,还不时地跑古玩旧货市场淘一些五六十年代的上海民政史料。那天是星期五晚上,可能是因为累的缘故,我睡得很死。听说觉睡得熟,容易做梦。我梦到了贵君,只听他大声叫了我一声。我被他叫醒了,醒来看时间,是凌晨4点10分。醒来就没睡着,想到我和贵君这些年来交往的前前后后。5点时,我的手机响了,是老家报社朋友打来的。她声音沙哑地说,贵君走了……我愣了一会儿,忙问,他是几点走的?朋友说,是4点10分。我惊坐在床上好久。我回过神来,赶紧给社科院俞教授打电话,我们约好8点在火车站见面,一起回老家。

  贵君走了,走得有点早,他才45岁啊。墓碑上的照片他很年轻。在照片的下方,刻写着他取得的各项荣誉和成果。看着他的照片,我们再也无法对话。我不禁自问,人这一辈子,到底要得到多少才算得到?到底取得什么样的成绩才算成功?如果连生命都没有了,还能有什么呢?

"都是为你好"的代价

2011年春,我参加华师大国家二级心理咨询师学习。在我们这批学员中,有的是为将来专门从事心理咨询职业学,有的是为自己的孩子学,也有的是为自己学。陈晓茹和我同桌,她说是为了孩子学。她问我,我说是为了写作。

在案例分析课上,老师要求我们针对一个问题如何用"共情"来引导当事者走出心理阴霾。前面几位同学在采用共情方式时,虽说还不能完全达到老师的要求,但基本上有了共情的意思。轮到陈晓茹上去和那位咨询者交流时,她前面还晓之以理动之以情,可咨询者要么一句话不说,要么得理不让人。后来,陈晓茹的声音也响了起来,说:"我这都是为你好,你怎么不能理解呢?"老师一听这话,立即叫停陈晓茹。

那天下课后,陈晓茹约我一起喝咖啡。我们第一次聊起各自的情况。从她口中,我得知她是济阳县人,现在是单亲妈妈,从事药品销售工作。由于能力强又能吃苦,连年获得部门先进。她自小学习就好,先是考上济阳县中学,继而又考上山东医学高等专科学校。毕业后分在当地医药公司。她不忘提升自己,通过自学考试,拿到本科文凭,同时还取得了职业药师资质。在她看来,她的老公是个安于现状不求上进的人。她的老公在济南市工作,他们分居两地,女儿跟着她生活。也许是一直处于上进的状态,她对女儿要求也特别严格。她始终认为,女孩子的未来不能寄托在一个男人的身上,要独立自主。所以,她要把女儿培养成为离开男人也能养活自己的那种人。对于陈晓茹的教育观念,我无法去反驳她。她继续跟我说,1996年,她凭自己的能力,作为上海市人才引进落户上海。她用自己的行为告诉女儿,女人也是人,只有通过不断努力,才能活出让人羡慕的样子。陈晓茹还说,那天女儿感冒头痛,她就用邱少云不怕牺牲承受火烧的例子来励志女儿,硬是把女儿拖到自行车上送到了学校。她还强调,女孩就不能有骄气娇气,社会是残酷的,你没有能力就会被别人踩在脚下,让人瞧不起。在她面前,我也只是个倾听者而已。那晚分手前,陈晓茹走向一个水果摊,说女儿正是长身体需要营养的年龄。后来我听陈晓茹说,她对女儿在吃的方面很讲究营养,但衣服几乎都是女儿堂姐穿剩下的。

约半年后,一天课间休息时,她跟我说,她离婚了。我问她,那女儿呢?她说,当然跟着她。她笑着说,如果女儿跟着她爸爸,那不是把女儿往火坑里推吗?我本来为她离婚感到惋惜,毕竟一个家庭就这样散了,女儿没有了一个完整的家。没想到,她倒是心情愉快地要请我吃饭,说她顺利通过了英语六级考试。那天晚上她跟我说,她已准备好了女儿出国留学的费用。从她的话语里,我能听得出她为女儿将来过上美好生活而志在必得。我反问她,为什么一定要让孩子学习好呢?她说,这不简单吗?只有考上重点高中,才能考上重点大学。只有考上重点大学,才能谋到体面的工作。也只有有了体面的工作,才能找到体面的老公。在这个社会里,人眼太低,你生活在低层,狗都瞧不起你。最后,她还补充一句说:"如果不是为女儿好,我这样吃苦耐劳,神经病啊!"她说得很符合逻辑,句句都在理。我说,我就是一个连初中都没毕业的人,现在不也过得很好吗?她说,像你这样的人又有几个啊。我换了话题,问她离婚之前她的老公有没有打过她。她说,他敢?!有一回她老公对她发了一次火,她立马拨打了110。值班警察问什么事,她在电话里说是家暴。我问,那你这样做,女儿会怎么看你呢?她说,我就是要通过这种方式告诉女儿,女人不是男人的附属品。在陈晓茹面前,我只能做个老实的听众。

陈晓茹顺利拿到了心理咨询师的资格证书。2012年7月,上海民政博物馆筹建工作接近收尾工程,为迎接下半年开馆,我忙得不得了。有一天下班前,陈晓茹给我打来电话,说她等会儿到外滩这边有事,办完事想与我见个面。接她电话时,我正在拟写博物馆开馆方案。我们约在南京路步行街一个咖啡馆碰面。陈晓茹的脸色很不好看,原来,她女儿的中考分数只够上区重点高中,她的要求是市重点高中。她坐在我面前气呼呼地说,她和女儿已经有四五天不讲话了。看着眼前的陈晓茹,我对她开始反感起来。一个要强的女人,什么都想要强,难道女儿学习好了就是她的荣耀吗?我能想象,她的女儿是生活在一个怎样的家庭氛围里。我无法认同她的教育观念,正如她无法认同我的观念一样。那晚,我借话题早早地离开了。

时间过得快,一晃就到了2015年。有一天,家住常州的同学郭勤勉电话告诉我,说陈晓茹得了抑郁症。我很是惊讶,当年她的心理咨询师考试成绩是很好的,怎么能得抑郁症呢?郭勤勉说,她的女儿在高考后跳了黄浦江……我没问结果是什么,只觉得耳边又响起陈晓茹那句刺耳的话:"我这都是为你好啊……"

女儿问妈妈："你管我的权力到底有多大？"

一天晚上，有位做领导的朋友给我打来电话，说她被女儿气得要死。问其缘故，才得知女儿不服她的管。再问细节，朋友为了让女儿做作业，没收了女儿爱看的一本课外书。结果，15岁的女儿与妈妈翻脸，大吵了一顿。女儿最后责问妈妈："你管我的权力到底有多大？"

父母对于孩子的教育问题，一直以来是块难啃的骨头。公说公有理，婆说婆有理。在父母要求孩子提高成绩这个问题上，众说纷纭，家长"虚荣心说"占比例最高。对于孩子的抵触程度与家长的严厉程度成正比这方面，惨痛的教训也时有发生。

我没有跟朋友说如何去教育孩子，只跟她说了近来我从《妙法莲花经》上学到的一点知识，可以分享给她，希望能对她有所启示。

《妙法莲花经》第二品《方便品》，即方是方法，便是便利。这种方法，是一种权法。当然，不是权力的权，而是权巧方便的意思。权巧具有暂时一用、缓冲过度的含义。也就是说，它不是一种常用的方法。换句话说，佛在给弟子讲法的时候，如果一开始就说一些深奥难懂的道理，弟子又听不懂，哪里还能静坐常听呢？估计早就跑得了无身影了。为了让弟子听得懂、喜欢听，佛就采用了权巧的方法，说得简单一点，让弟子一听就能明白其中的道理。当弟子们越听越想听的时候，佛见机缘成熟了，才开始回小向大，由浅入深，从小乘回转大乘，从开权（权巧方便）到显实（真实不虚）。所以，这个过渡非常重要。说到这里,我话锋一转,对朋友说,如果把父母对孩子的教育权仅仅看作为一种"你是我的孩子,就得听我的话"特权的话,那么,无疑就曲解了"权"的含义。权在教育面前,它不是指特权,而是指用一种善巧的方法,循循善诱,让你的孩子喜欢听你的道理,从认同你再到欣赏你。做一个单位的领导,对权力的使用,也是同样的道理。

朋友听后,说话是这样说,可做起来难啊。为了缓解一下朋友的心情,我跟她讲了一个管理界关于"发现"的故事。

一位年轻有为的军官到下属炮兵连队视察训练情况,发现在一个单位操作中,总有一名士兵一直站在大炮的炮管下方一动不动。这情况,竟然在其他连队里都存在。军官百思不解,问其原因,得到的答案是,炮兵训练条例就是这样规定的。军官回去后查阅军事文献,终于找到了出处:在非机械化时代,大炮是由马车运载到前线阵地上的。为了大炮发射后调整由于后坐力的距离偏差,减少再次瞄准所需要的时间,就在炮管下面设置一名士兵,他的任务就是负责拉住马的缰绳,以免马受惊后乱跑。而到了机械化时代,已解决了大炮在发射过程中因后坐力带来的距离偏差的问题,训练条例却没有将"拉马士兵"的任务设置及时调整取缔,结果就出现了大炮在发射时炮管下方仍然站立着一名士兵的笑话。就是这个发现,让那位军官立了功。

我跟朋友说,很多时候,程式化的生活已固化了我们的思维,就像为人父母总误以为自己的孩子就得毫无条件地听父母的话一样。事实上,从孩子有了自己的想法那一天起,我们就要从尊重的角度,引导他们自己去看世界,给他们选择的权利,让他们去发现世界,再去发现自己。要知道,孩子是从发现世界开始从而发现自己的。而我们大人,却是从发现自己再去发现世界的。

曾听一位老作家说,教育植根于文化土壤,文化来源于传统和当下时代的有机结合。为人父母，我们首先要学会在学习中不断思考。其次，将我们所思所悟的观念在生活中加以运用。最后，以正能量的方式展示给我们的孩子。我认为，教育的实质，不是我们对孩子硬性施压，而是我们通过孩子进行自我教育来做孩子的榜样。

算命先生这样对我说……

两年前的一个夜晚,我从地铁3号线龙漕路站下来,经过立交桥时见一位算命先生摆了个摊子。说是摆算命摊子有点不正确,应该是摆了个卖手机小配件的摊子,只是在那个地摊边上放了个写着"算命"字样的纸牌。见他闲着,我便停下脚步。他问我买什么,我说我是作家,想讨教他算命的事。可能出于也没事可做的缘故,他很乐意跟我聊几句。

我问他来算命的人多吗,他说不如从前了。问其缘由,他说大概有三个方面吧:一是信佛教的人多了,他们遇事会到庙里烧香拜佛;二是社会发展太快了,人都来不及痛苦,当痛苦积累到一定程度时,要么因心脏猝死,要么生癌难救;三是人心太浮躁,求于各类刺激,思想麻痹,时刻都离不开手机。说到这里,他拿起身边的那个大水杯,猛喝了几口水然后接着说,就像你们作家写文章,也不像过去那样有含蓄美了,要么露骨,要么引诱。我让他说说看。他说,露骨的书,就是毒害成人心理的书。你想想看啊,现代人工作生活压力大,夫妻间面和心不和,要么寻求文字刺激,要么外面找情人。还有就是现在的网络新闻标题引诱人,人称"标题党"。他们这些人专门花心思在标题上,以勾起读者想阅读内容的欲望。事实上,很多这类标题的文章并没有实质性的内容,无非就是为了增加点击量而已。你再看看过去人家茹志娟写的《百合花》和陈忠实写的《送你一株山楂花》,那两篇文章看得真让人温暖。你看这标题,朴实真切,哪里像现在的这些

"标题党"起的文章标题啊。没想到,眼前的这位算命先生还是位文学爱好者呢。

我蹲着有点久了,不觉双腿都麻了。他见状,赶紧把那个小折叠凳子递给我。他的兴致上来了,又跟我聊到了当下国人不爱看书学习的话题。他说,你看看地铁里,几乎所有人都低着头看手机。那些网络上的碎片化的内容,又有多少是传递正确的知识呢?那些乍一看有道理,实质上在生活中根本不管用的东西充斥其间。好在看过了,转眼也就忘记了,根本不入心。像《百合花》和《送你一株山楂花》这两篇小说,都过去二十几年了,每次想起心里都有暖暖的感觉。我还能记得里面的细节呢。为什么还能记得呢?因为写的都是人间真情,人与人之间真实的感受,彼此真诚相待的情谊……所以,我认为能存活在你心里的文章,才叫真正的文学作品。如果看完转头就忘记了,那还叫什么文学作品呢?听着他自问自答很满足的样子,仿佛在我眼前的不是一个算命先生,而是某个学校的老师在给他的学生上课。我觉得他说的有道理,便连连点头称是。这两篇小说,我都读过,也算是有共鸣吧。

端详着眼前这位看上去年龄比我大几岁的算命先生,我笑着对他说,你应该是文学工作者。他先是笑着说我在取笑他,接着,他叹了口气说,哎,你知道的,我们农村人考不上学,就得回家种地。你也知道的,我们出来打工要么是到建筑工地做杂活,要么做保安。有一年,我们村上有个年轻人在浦东一家建筑工地上不小心从楼上掉下来摔死了。我这个人有点恐高,也不敢做建筑活。再说做保安,一般公司都喜欢招年轻人,像我这样的年纪,也不适合啊。说到这里,他又拿起了那个大水杯,喝了一口水又继续说道。我父亲是当地有名的风水先生,他跟我爷爷学过《周易》。我小时候也经常跟着父亲到处跑,耳濡目染,也渐渐喜欢上看风水这个行业。后来,我又跟当地一个王瞎子学了一些算命的学问。就这样,我来到了上海。当我问到他是如何看待那些前来算命的人这个话题时,他说凡来算命的人,通常有两个方面:一是对当下遇到的难题想知道结果,二是年轻人想知道自己婚恋问题的选择。当然,还有一些母亲是为孩子的高考命运。他很坦诚,他说他读过《了凡四训》,很受启发。

这是我第一次与算命先生交流。他讲到的社会浮躁现象,以及他对当下碎片化的知识和真正文学作品对人精神影响的理解,令我对他刮目相看。从他的身上,我了解到农村人到城里打工的不易和艰难,也领悟到每个人的命运其实都掌握在自己的手里。你有什么样的观念,就会有什么样的行为;你有什么样的行为,就会有什么样的习惯;你有什么样的习惯,就会有什么样的命运。

有一天晚上,我特意去那个天桥上找那个算命先生,想和他再聊一聊,结果没见他的人影。后来,就一直没见到他。

他说，好多事都无可奈何

何为老师是一位老作家。他的作品曾获首届鲁迅文学奖散文奖。他曾任中国作家协会全国委员会名誉委员，中国散文学会副会长，福建省作协副主席、名誉主席。他已去世多年。今天想到他，只缘于我和他接触中了解到的有关他在去世前难言的痛苦。

2003年，第一次与他谋面，是在新民晚报副刊部。彼时，晚报为他开设"纸上烟云"专栏，我也时常学习他的文章。他的见报文章均在六七百字。听我的老师说，何老师苦于视力不济，不要说写一篇短文章困难，就连看报纸，都要用两个放大镜。有位热心的年轻女士曾自告奋勇，想去何老师家里给他读文章。何老师笑着说，散文的性情，在于默读中体验心性营造的那份情景的感受，别人朗诵，那种感觉会失真很多。那位年轻女士打趣道，何老师啊，我可不会配乐朗诵啊。虽是说笑，可对于一个在稿纸上耕耘了几十年的老作家来说，却因视力受阻而不能再创作，那是何等的痛苦啊。

何老师的老伴去世早，他一直独自生活。后来，视力变弱后，就请了个保姆。有一次，有位记者朋友跟何老师半开玩笑地说，何老师啊，您和保姆长期独处一室，会不会有感情啊？何老师笑着用福建话说，感情感情，没有感觉哪里来的情呐。追求精神至上的老作家，他的性情寄托又怎是一般人所能理解和感受得到的呢？正如他写的那篇《东京夜话》，并不是所有读者都能真切感受其中深妙之意的。

有一回，朋友聚会结束，我送何老师回家。从陕西南路下车，进小区到他家里,步行也就几分钟的时间。他对我说,一风啊,作家就是要写出人性深处的情感,写出真善美的实质,任何时候都不要写讨好别人的文章,那不是我们作家做的事。我挽着何老师的胳膊,听着他对我的教诲,小心翼翼地接受着,就像我搀扶他小心翼翼走夜路一样的心情。

一个冬日的午后,我去看望何老师,陪他聊天。心情所致,我很想了解何老师跋涉文学的道路。何老师也心情所致,十分乐意地跟我讲起了他15岁那年在汉口时写的散文《路》,发表在由叶圣陶主编的《中学生》杂志时的欢喜心情。何老师还说,这年他还在夏衍、郭沫若主编的《救亡日报》发表了街头活报剧。革命的热情在他的心里燃烧起来了,火焰熊熊。1938年夏天,他随上海慰问团秘密前往皖南地区慰问新四军。在抗日根据地,他采访了国际著名记者史沫特莱。回沪后,他在柯灵主编的《大美报》副刊"浅草"、《文汇报》副刊"世纪风"等报刊,发表了《记史沫特莱》等几十篇散文。在那间老房子里,我见到何老师的恩师柯灵给他题写的"勤笔第一"的条幅。这样一位人生丰富的老作家,到了晚年也不免慨叹:"你们年轻人,是不会体会到老年人患病之苦的。"

生活,虽苦也有乐。那是一个春天的午后。几位作家朋友相约去南汇一户农家乐,大家约在晚报碰头。我和何老师提前到,恰巧晚报为他的专栏文章以同名出版了《纸上烟云》。我请何老师在书上写两句话。何老师笑着说,你还要我写签名书啊,是不是有点俗气啊?我也笑笑,然后把笔送到他的手里,展开书的扉页放在他老人家面前。他又笑了起来,用闽南话对我说:"年轻人嘛,就是要学习进步啦;作家嘛,就是要多写有良心的作品啦。"惹得在场的其他几位朋友大笑起来。我赶紧对何老师说,那您就把这句话写下来就行了。何老师说话风趣,但那时他的语速已不十分利索。

每次聚会,何老师多会提到自己年老看病难的问题。他说,人啊,一旦到了晚年,新陈代谢慢了,各种毛病接踵而来。可他的医保关系还在福建,在上海看病不但花费不少,也极不方便。何老师是上海人,年轻时响应党的号召,南下福建支持文化建设。这一去,户籍关系就再也没能回来。待到年老,叶落归根,回到自己的老房子里。那个老房子紧邻陕西南路,安静幽雅。我知道,这个老房子里,曾有很多著名作家造访过。

何老师于 2011 年 1 月 10 日去世,享年 89 岁。为何老师送行时,忽而想到他说过的一句话:"到了晚年,还是有信仰好,那样,心里就会少些埋怨和烦恼了。"看着何老师那安详的脸,我知道,他把晚年的痛苦也一并带走了。

她用扫帚扫出了自己的生活

我当兵前在县城医院做临时工,俗话说,人以群分,每天晚饭后,10病区老干部病房的电视房里围坐着我们这些临时工,有厨师、卫生员,有锅炉工、水电工,还有洗衣房和制剂室的勤杂工。我从农村初到医院上班,每天晚饭后都会去电视房看电视,自然也就认识了医院里的其他临时工。一个月后,我就不再去电视房了,而是在宿舍里练习书法或看书。小靳是四病区的卫生员,因为活泼开朗,身体又显微胖,大家总喜欢跟她开玩笑。

当兵后第一次回乡探亲刚到淮安的那天晚上,我住在城里的二婶家。第二天清晨起来到楚秀园跑步时,看到小靳在扫马路。她跟我说,好多临时工都离开了医院,主要是工资太少,又转不了正式工。她说自己文化低,又没什么手艺,只能谋了份扫马路的活。我看她人虽黑了点,也瘦了,但说话依然朗朗,还打趣地说道:"没文化工资少,苦活只能自己找。不怨天不怨地,只怨自己不争气。"我被她这一套一套的给逗笑了。我想,这大概就是苦中作乐吧。

第二次见到小靳是三年后,还是在环城路,她在扫马路。奇怪的是,这次她与我说话不再像前一次那样朗朗然了,她的脸上写满了憔悴的神情。原来,她的丈夫在半年前酒后骑摩托车出了车祸,人走了。她的婆婆一时接受不了,受刺激脑溢血住了三个月的院。小靳的公公去世已很多年,现在她的生活里留下了一个行动不便的婆婆,还有正在上小学三年级的儿子。我找不出安慰她的话,只是唉地叹了口气,说怎么会遇到这样的事。她的脸上又露出一丝笑意来,说,她就这命吧,即使就这苦命,也得活下去啊。回部队后,我给小靳寄了本《平凡的世界》,在书的扉页上,我写道:"我们每个人都在走自己的路,路有远有近,有宽有窄,谁都不能保证自己未来的道路就一马平川。当我们遇到生活不济时,心情就会像马路上的落叶,无根无须,飘浮不定,有时还会遭到被别人脚踩的可能。但我们的心要像你手里的那个扫帚一样,只要挥动生活的力量,就一定能扫去落叶被踩的遭遇。"不久,我收到了小靳的回信,她除了感谢我之外,还在信中说,她的儿子期末考试成绩在班里名列前茅。她还说,她要用自己手里的扫帚扫出生活的希望来。

反复回味小靳的信,我想,我们每个人在生活的海洋里,做不了飓风,就做一片浮萍吧,至少还有生命的律动来感受大海的起伏和波澜。做不了灯塔,就做一片沙滩吧,至少还能以平静的心态去观望潮来潮往的美景。在生命的天空里,我们决不能做违背生活法则的事,也不能做对生活失去信心的人。命里的坎,就像生活中的一次感冒,挺挺就过去了。我们不能因为一次"感冒",就迷失了生活的方向。

2019年清明节,我回淮安给父母上坟。回上海之前的那天上午,我在长途汽车站竟意外地碰到了小靳。小靳满面桃花,微笑着对我说,她儿子大学毕业已在电信公司上班了。听到这样的好消息,我打心里为她高兴。我问她是否换了工作,她说自己再扫一年就退休了。我跟她开玩笑地说,你应该被评为劳模。她笑着说,劳模不敢当,但被公司评为了先进工作者。听着小靳的话,想到过去大家走过的岁月,我不禁心有触动。生活的阴霾无法长久阻挡希望的阳光,自己的生活需要自己寻找方向,只要信心百倍地走下去,就一定能活出美好而真实的生活。

本文在发表前，听取了几位大学生（有大二的，也有大三的）的意见，他们认为这篇文章的立意、标题都稍显平淡，而且第一段的那句"一个月后，我就不再去电视房了，而是在宿舍里练习书法或看书"与文章主题没什么关系。这里，我想简要地谈谈关于这篇文章的立意。

　　一，当下社会崇尚"职务、权力""房子、车子、票子"，大家喜欢攀比，讲究享受生活。但不可回避的是，很多人在比较中产生了压力和烦恼，职务高、权力大承受的压力和烦恼也大也多，房贷、车贷更像一根根无形的绳索紧紧地勒住了很多家庭。人人都在叹惜心脏猝死年轻化，但几乎少有人会将猝死与生活压力联系起来。即使有人想到了两者的关系，但也从不与自己发生联系，好像猝死那些事都是别人的事。

　　二，本文主人公的人生定位非常清晰，知道自己文化低，只能做些简单的扫马路工作，但她不虚荣，不虚伪。尤其在家庭发生变故后，对婆婆不离不弃，用微薄的收入担负起培养孩子的责任。她被公司评为先进工作者，表明了她内心的单纯和真实——扫马路不是丢人现眼的工作，只要有勤劳的双手就能支撑起一个家。

　　三，本文第一段的那句话，看上去与文章主题没关系，实质上表明了一个道理：当初我与他们不一样，所以，后来我也与他们不一样（学习可以改变命运，文化低只能从事简单的劳动。当然，这里丝毫没有贬低简单劳动的观念，而是强调了你想改变命运的话可以通过知识来获得）。

她在修持中获得了宽容和救赎

一位朋友跟我聊起她的身世。她平静地说着自己的生活遭遇，说到一些在我看来匪夷所思的事而直摇头时，她就像在说着别人的故事一样，语气平缓，表情平淡，没有一丝的激动。可能，在她的人生岁月里，心已渐渐沉淀，情已慢慢淡定。

岁月给了每个人印记，生命里的每一处标志仿佛都有前人设定。也许，我无法告诉读者关于朋友遭遇的真实原因，只能将她的苦难生活如实地捧给大家。为了叙述方便，也出于尊重朋友的意愿，我就叫她"丫头"吧。

1957年10月15日，星期二，这天碧空万里，和风细抚。由汉口开往上海十六铺码头的"江安轮3"号（后改为"东方红3"号）客轮，披着初凉的秋风在长江上奔腾而下。它像大海里的一条硕大的鲸鱼，迎风斩浪，奔涌向前。旅客们个个都很兴奋，幸福的笑脸就像客轮上随风飘动的小彩旗，在江风上尽情地荡漾开来。是啊，就在这天，中国第一座跨越长江的大桥——武汉长江大桥通车。这个喜讯让全国人民为之欢欣鼓舞，让武汉人民为之雀跃欢呼，祖国大地一派生机，欣欣向荣。

只有十八个月大的丫头，正熟睡在母亲的怀里。她还小，不知道人们的喜悦，也不知道自己的爸爸就是"江安轮3"号客轮的船长。当然，她更不知道自己这个船长家的小公主未来的命运将走向何方。

命运,有时就像那腾空又落下的浪花,在浩浩荡荡的江水中,让人身不由己。更何况,一岁半的丫头对人和事还没有记忆。在她的记忆里,只有身穿制服的爸爸和烫着头发穿着裙子的妈妈逗她时的笑脸。

经过三天的旅程,"江安轮3"号客轮在上海十六铺码头停泊靠岸了。这是丫头第一次来上海,她和妈妈要在上海玩几天,外婆和姨娘家都在上海。丫头的姨娘家在方浜路上的一个里弄里,离十六铺码头举步之遥。姨娘家有哥哥姐姐,丫头有人玩了。

10月28日,星期二。丫头要跟爸爸妈妈回武汉了。午饭后,按事先说好的时间,丫头妈妈在码头等丫头和姨娘。可左等右等,就是不见丫头和姨娘的身影。丫头妈妈着急了,明明说好的,怎么还不来呢。客轮到了起航的时间,船不等人,丫头爸爸只能下令启动客轮,离开了十六铺码头。丫头妈妈被爸爸安顿在四等舱里,急得直跺脚。这位历经风雨的船长安慰着焦虑急切的妻子,说可能是小孩子喜欢在一块玩,下一趟来上海再把丫头带回去就行了。妻子心里还是担心,说再快也得要一个星期后啊。此前,丫头从没离开过她一步,这下子要分别一个多星期,心里哪能接受得了呢。

几天前,丫头还在妈妈的怀里睡得那样香甜,这回程的心情,丫头妈妈的心里空荡得像飘浮在半空中的一片落叶,没有一点着力的感觉。虽说丫头在自己的姨娘家里,可她这个姨娘生性有点孤僻,有时甚至还有残暴的迹象。有一回,这个姐姐竟然把父亲的手指给咬掉一节,她如果犯病对丫头也生起嗔恨心,那可怎么得了。

这就是母亲,当她担心起孩子时,就往往会想到最糟糕的事。而这些最糟糕的事,又会在暗夜里越想越怕,越怕越想。丫头的妈妈就是这样,从离开十六铺码头那一刻起,连续几个夜晚都在似睡非睡中梦到有坏人抢走了丫头。她在梦里迈不开腿,怎么追都追赶不上丫头,急得流着泪水从梦中醒来。从上海到汉口,因逆流而上,要比从汉口到上海多出半天时间。所以,全程三天半,相比几天前,她的脸已消瘦了整整一圈。

真是度日如年。好不容易挨到了丫头爸爸当班客轮发往上海的时间。这天是重阳节,丫头妈妈在心里祈祷着到上海后与丫头重逢,但愿丫头在姨娘家里安然无恙。她再也不会让丫头离开自己的视线了。

又是三天时间,行程还算顺利,没遇到大风大浪,"江安轮3"号客轮安全靠岸十六铺码头。下了船,丫头妈妈迫不及待地往姐姐家跑去,哪里还顾得上脚下不平的石子路啊,在一拐弯处差点撞到人。看到丫头和哥哥姐姐在家里玩,她的那颗悬了一个多星期的心终于安放了下来。这天晚上,丫头妈妈要带着她到外婆家里去住,没想到丫头的姨娘怎么都不让。看那架势,是不准备让丫头回武汉了。这事可不是闹着玩的,外婆得知情况后从长治路来到了方浜路丫头的姨娘家里。丫头的姨娘对外婆说:"姆妈,侬看到没有,丫头的眼帘下方有一颗黑痣,这颗黑痣是哭痣,会哭死她父母的。听说妹妹和妹夫想把丫头送给乡下人,那还不如把丫头留在我的身边好呢。"外婆找丫头妈妈问明缘由,丫头妈妈说:"上次来上海白相几天,在返程那天,我一手牵着丫头姐姐的手,一手拿着行李,没法抱丫头。丫头姨娘说,你们在前面走,我抱着丫头后面就送到码头的。结果,她就把丫头给留下了。哪有这样的事啊?"手心手背都是肉。外婆对丫头妈妈说:"侬也晓得,姐姐没有自己的小囡,虽说领养了两个,可毕竟没有丫头亲啊。要不就让丫头先在她这里住一段日子,以后侬再带回去不就行了嘛。她是侬姐姐,又不是外人,侬怕啥呢。再说了,即使把丫头留下,侬家里还有三个小囡,可侬姐姐一个亲生的也没有。侬讲讲看呢。"不知是外婆说的话一时说服了丫头妈妈,还是想到丫头毕竟是在姨娘家里,她就稀里糊涂地同意了丫头在上海再玩一段日子。谁能料到,当丫头妈妈再来上海想带丫头回去时,丫头的姨娘却坚决不同意,两姐妹由争执到吵架再到打架,这个性格孤僻的姐姐就是不肯,提出若要把丫头带走的话,就付她1 000元抚养费。说理说不过,吵架吵不过,打架打不过,丫头妈妈就是带不走丫头……总之,丫头就这样被留在了上海。

在丫头童年的记忆里,妈妈(姨娘)是里弄干部,爸爸是船长,哥哥和姐姐因病先后都死了。为了防止邻居家的孩子说出丫头的身世,妈妈带着她搬离了四牌楼。一晃,丫头5岁,再过一年半载就要上小学了。就在那年,外婆将丫头的户口从武汉迁到了上海。丫头的两个爸爸都在长江航运管理局,武汉是总局,上海是分局,职工看病都到长航医院。丫头出生时办理的家属证上丫头姓冯,到医院看病出示家属证,儿科的医生和护士基本上都认识她。丫头5岁这年,外婆将丫头的《长江航运管理局职工家属证》上的姓由"冯"改成了"杨"。有一次,妈妈带着丫头去长航医院看病,有个护士不知实情,见到丫头就说:"这不是冯船长的女儿吗?"一看家属证,又嘟囔起来:"丫头怎么改成姓杨了啊?"丫头妈妈(姨娘)听到这话气得要死,向护士直翻白眼。丫头也不知情,她只知道妈妈听到护士讲这些话她很不高兴。

丫头从记事起,妈妈总是故意找理由来惩罚她。有一次,妈妈认为丫头写作业不认真,就把她的手放到正在燃烧的煤球炉上烧,丫头被烧得哇哇大哭起来。丫头在读小学时,班主任看到她的手臂上有一道道伤痕,起初丫头不敢讲,后在班主任追问下才说出原委,那是妈妈用烧红的炉钩给烫的。班主任家访和丫头妈妈沟通,不料被丫头妈妈一顿骂,说她是里弄干部,用不着一个小学老师来教训她。丫头读中学时,经常被妈妈蛮不讲理地用炉钩子打破头。读书时的丫头喜欢写日记,为避免妈妈偷看自己的日记,她就用拼音写。从小学到中学,她写了二十三本日记。在一本硬抄的内页,她这样写道:"人生最大的收获,就是目前我还活着。"这十五个字,足以说明丫头是活在一个怎样的家庭里。这十五个字,要是被自己的生身父母看到,会是怎样的心情?有一天,丫头实在受不了这样的家暴,在忍无可忍的情况下,她想要死一起死,也拿起了菜刀。这时恰逢邻居敲门,才避免了一场血灾的发生。那时,丫头在绣品厂上班,如遇妈妈打她,晚上她就会到厂里的食堂,用两条长板凳一拼对付一个晚上。在丫头28岁那年的一天夜里,熟睡中的丫头被妈妈砍了一刀,刀口砍在了脖子上,所幸没有砍到动脉血管。丫头想离开这个家,可正逢春节,厂里的食堂大门都贴上了封条,她无处可寄宿。

她想到了武汉。她想到12岁那年的一天,她在放学回家的路上,武汉的姨夫船长(生父)一直跟在她的身后。丫头转身问道:"你是不是我的爸爸?"姨夫船长问:"是谁告诉你的?"就是这句"是谁告诉你的",让丫头坚信他就是自己的爸爸。丫头还曾问过外婆关于自己的身世。外婆却讲到了丫头的爷爷和外公,说他们都是有名的船长。外公在抗战时期掩护过地下党,还把许多国宝运往成都。外公为革命做过贡献,去世后安葬在南京雨花台。后来,外婆终于告诉了丫头,说她有两个爸爸,一个在武汉,他是丫头的生父;一个在上海,他是丫头的养父,他们也都是船长。想到这些,丫头决定去一趟武汉,回到自己的爸爸妈妈身边去。1982年1月28日,新年初四这天,丫头从十六铺码头登上了开往汉口的"东方红14"号客轮。毕竟在上海生活了二十八年,武汉对她来说有着二十八年的陌生感。虽说在武汉过了春节,丫头却三缄其口,始终没能对自己的生身父母开口叫一声爸爸妈妈。这年春节,丫头在武汉与家人拍了一张全家福。

丫头的印记里总有一种难言的隐约的情感。她至今记得有一年下乡劳动时,拖拉机过桥翻车,把她摔进了河里。她受伤之后,上海爸爸特意休假照顾她。帮她洗净从河里捞出来的满是泥浆的棉袄。丫头出嫁的那天,上海爸爸眼含泪水,满是不舍……命运像一根无形的绳索,若隐若现地牵动着丫头的心。30岁那年,她因机缘去了金山,在那里遇到了一位法师。法师对她说,人行善可自救,人作恶天不容。只要你心存善良,不生仇恨,你的妈妈终有一天会悔悟的。从那时起,丫头再也不像从前那样怨恨上海妈妈了。也就在那年,丫头皈依三宝,从此吃斋念佛了。

岁月如流,流过每个人的额头和心头。时光无情,已带走了丫头的外婆,也带走了武汉的爸爸妈妈和上海的爸爸妈妈。

俗语说,三十年河东三十年河西。想到上海妈妈几十年来所做的不可诉说的虐待行为,丫头早已放下。2006年,80岁的上海妈妈弥留之际,拉着50岁的丫头的手,眼含泪水,终于亏欠地说:"姑娘,对不起……"这一声"对不起",是丫头用了整整二十年的时间修行的结果。这结果,是宽容,是因果,也是修持。其实,丫头需要的并不是这声"对不起"。在丫头看来,她需要的是通过自己与人为善的布施,植种德本的持戒,不仅宽慰别人,也是改变自己命运的一种救赎。写到这里,我忽然想到了袁了凡,他从认命被命运安排到改变命运主宰命运的故事,也让我想到丫头听了法师的话并日日践行终有收获平安的道理。试想,若是以牙还牙、以怨报怨,她还能完好地活到今天吗?

我从没忘记自己是个病人

奶奶在世时,曾跟我说过一件事。说我在两岁那年的冬天,生了一场病。脸色发黄,只叫着肚子痛,几天未进粒米。父亲把我抱在怀里,步行50里地到县城二叔工作的医院求医。二叔看着耷拉着头、双目紧闭、喘着虚气的我,叹了口气说,看来这孩子不行了。

查不出病因,父亲只好把我抱回了家。奶奶抹着眼泪自言自语,说这大孙子的命不能这么短啊。寒冬腊月,全家人的心情就像门前池塘里的水一样,结了冰。母亲抱着我坐在院子里的草垛边,泪流满面,无论谁叫,她都不起来。父亲忽然看到我的眼睛微微睁开,小嘴巴慢慢嚅动,像想要吃东西的样子。于是,奶奶赶紧叫大姑和二姑到厨房里做米油(把米放进瓷缸,在下面点燃柴火烧成的米稀饭)给我吃。那天中午,全家人围在一起,看着母亲用小调羹一勺一勺地喂着我。接着,你一言我一语地说,大风好了,大风好了。就这样,我与死神擦肩而过。

也许,我的命在那年冬天不该绝。长大后我一直认为,那是母亲的体温把我从死亡线上拉了回来,是院子里温暖的阳光把我留在了人间。

世博会那年深秋的一天,我突然感到头晕,到楼下的华东医院门诊部量了一下血压,结果高得惊人。医生建议我观察一个星期再看看。一个星期后,血压仍处于高血压病的数值指标。医生嘱咐我要吃药控制了。想到我父亲因高血压引起脑出血49岁去世,二叔因脑肿瘤59岁去世,大姑因脑血栓50岁去世,我刚到40岁就出现高血压的症状,显然不排除家族性疾病基因遗传的可能。这一想,我赶紧电话老家,结果得知,二姑、三姑、四姑、五姑,还有姐姐妹妹她们都患有高血压病,而且早就开始吃降血压的药了。

获得这样的消息,我让自己保持了三分钟的安静。三分钟,让我的思想处于寂静的状态,外滩的钟声飘不进我的耳朵里,我的心在与自己做一次深刻的对话:

"如果吃药,就要吃到生命最后的日子。"

"如果不吃药,还能有什么方法呢?"

"引起高血压的因素有很多,睡眠不足的,饮食乱吃的,情绪不稳的,少有运动的,主要还是基因遗传的。当然,还有抽烟喝酒的。"

"如果将这些不利因素在一定程度上统统解决了呢?"

我仿佛找到了一个可以降血压的方法和渠道。从那一刻起,我给自己制订了一个宏伟的计划,用10年的时间,在不吃药的情况下,通过自己的努力,看能不能把血压控制在临界点之内。第二天,我把家里剩下的一条烟送给了同事。从那天起,我拒绝所有朋友的各式吃请,晚上确保11点前睡觉。每天下班后,回家做饭,再不吃饭店里的饭菜。早晚到江边走路各一个小时,保持身体每天都有适量的运动。半年后,我将睡觉时间调整到10点半,又过半年,再调整到10点,直到现在是每晚9点前就上床了。

在外多年,朋友自然少不了。有作家圈、战友圈、朋友圈、老乡圈等等,隔三岔五的总有人打来电话。为了保证晚上按时睡觉,也考虑到朋友们的盛情不能次次被回绝,于是从2013年春天起我停用了手机。我非常清楚,如果外出应酬,根本保证不了正常睡眠时间。为此,有个朋友取笑我,说我这样的生活还有意义吗。我说,如果为了热闹而导致高血压,说不定哪天脑出血躺进了医院,那时候你还会说我的生活有意义吗。朋友听我此言,笑着连连说,尊重你的选择,尊重你的选择。当然,还有朋友说,我不用手机是不是在躲着谁啊;还有的说,为了省钱也不能不用手机啊。种种说法,对我来说,只像一阵风吹过而已。

对于高血压病,不良的情绪、长期熬夜、胡吃海喝将直接导致发病。为此,我回避了别人心里羡慕的岗位,回避了人人喜欢的热闹和应酬,回避了许多可以通过写作获得的稿费,尽可能地把自己的心安放在一种清净自在的状态。

岁月不停步,一晃过去了10年。积极的付出总有美好的收获,如今,在夏秋两季,我的血压基本保持在80/120毫米汞柱。若在冬春两季,也只是处于90/140毫米汞柱。当然,如果一紧张一熬夜,就不是这样理想的数值了。在没吃一片药的情况下,能收获这样的血压数值,我已非常满意了。

我从没忘记自己是个病人。有病不可怕,只要以乐观的心态去积极面对就行。基因虽然强大,但可以通过健康的生活方式得到一定程度的调整。在我看来,生病是生命需要维护的提示,也是心灵回归的时候;痛苦是对世界深刻的体验,也是精神获得真切的感受。我余生的事业,就是养病修行。

老军医陈关兴

2008年1月9日是一个有雾的上午。我来到上海市宝山区广福村陈关兴和翁梅英夫妇开的诊所,好几位前来就诊的村民正在候诊。有个三十多岁的妇女正坐在躺椅上输液。从这些村民的着装看,他们的生活并不富裕。我向一位候诊的老伯,问他在这里看病贵不贵。老伯用浓浓的宝山话说,在陈关兴这里看病,他只收药品成本费,其他检查和手续费都不收,还说大医院哪里敢去啊。另一个年轻人说,翁梅英阿姨输液技术好,他每次输液打针都感觉不到疼。那个小伙子还特意跟我说,他们夫妇待人温和热情,如遇到生活困难的人来看病,他们连药品成本费都不收呢。

我看到陈关兴的诊所没有招牌。我也听到,他们为村民看病的口碑在当地已家喻户晓。这小小的诊所设置在陈关兴父辈留下的祖屋里,三间老式住宅,左边一间是药品室,右边一间是输液室,堂屋是门诊室。陈关兴告诉我,说这个诊所开设八年来,附近村民一般生小毛小病总是先到他这里检查,很方便,省去了大医院挂号和排队的很多麻烦。当然,如果遇到大病患者,那就必须去大医院,因为他这里没有过硬的医疗检查和手术设备。

陈关兴和翁梅英对行动不便的病人,常常上门为他们把脉治疗。我走访了广福村的江老太。路上,遇见一位扛着锄头准备去干活的老妈妈,听说我是了解陈医生为村民看病的事,她放下锄头,连连夸赞陈关兴和翁梅英,说他们夫妻俩人好啊,给村民帮助太多了。她还说，自己头痛感冒什么的，到他们那儿从来不花钱的。老妈妈扛着锄头走了，嘴里还不住地说，他们是好人啊。

　　转了几个弯，我来到江老太的家。江老太坐在椅子上，因半身不遂，她的右半身行动不便。江老太已年过古稀，家里土地被征用，每月只享受政府发给的800元生活费。她的老伴年轻时支内去了江西，退休后才回到宝山。前些年，他身体多病，每年原单位只能报销医药费200元。老两口大部分收入都花在了看病上。江老太说："我去年患脑中风，翁梅英每天来给我输液，一天两次，共跑了一个多月。有天晚上，她来我家里，天墨墨黑，在路旁不小心还绊了一跤，膝盖处的皮都摔破了呢……"江老太说着说着眼泪就下来了。江老太的儿媳站在一旁，也抹着眼泪说："后来婆婆病情好转，我们想表示一点心意，买了点礼品，可他们就是不要。"坐在屋里的一位邻居对我说，他们村卫生所的医生是不出诊的，像江老太这样年纪的人，到村卫生所看病很不方便。广福村三队的退休工人唐某，有一次突发脑血管病，当时不省人事。经陈关兴两个多小时的抢救，终于捡回了一条命；七队村民须某，患严重心血管病，陈关兴夫妇接连三次抢救，打针输液分文不收；王宅村有位老人在医院插入导尿管后回家不小心脱落，无法排尿，陈关兴听说后，连夜赶到病人家，解决了病人的排尿问题。我还听说，广福村村长的父亲在世时，生病都找陈关兴，其他医院他不去。陈村有位金姓患者，甚至把陈关兴和翁梅英夫妇视为亲戚，临终前交代子女，说往后家里遇上喜事要上门请他们，但不准收礼钱。还有位希腊人，一次偶然机会听说陈关兴德医双馨，为村民看病的事迹后，从上海市区特地跑到广福村，请陈关兴为他号脉。

　　看病不是小事。想到社会上时有看到张贴"老军医"看疑难杂症的广告，若误诊瞎来，岂不害人害己。当我了解到陈关兴和翁梅英在部队从事几十年医护工作的经历后，我先前的一些疑问和顾虑自然也就烟消云散了。

陈关兴于1939年9月出生在宝山县顾村镇一个极为贫寒的家庭，自小得到左邻右舍的帮助。20世纪50年代，他从顾村镇考进浙江医科大学。1964年从医疗系毕业入伍，成为福州军区第135野战医院普外科一名医生。到部队十多年后，陈关兴积累了一定的普外科临床经验。特别是调到门诊工作后，他发现肛肠疾病是驻地军民的常见病、多发病之一，约占普外科患者的20%。当时驻地军内外医院没有开设肛肠科，许多肛肠患者长期疾病缠身，苦不堪言。陈关兴向医院领导请示能否开设肛肠科，他来负责。这件事在医院传开了，有的说，没本事的人才干这种又脏又累的活；有的说，陈关兴是为了出风头；了解陈关兴的同学也来劝说，让他千万不要因一时冲动影响了前途；个别亲友甚至埋怨陈关兴是自讨苦吃，说"这种吃力不讨好的工作，人家推都没处推，你倒好，还主动往自己身上揽"。面对种种说法，陈关兴心想，那种不顾人民的需要、不关心病人的痛痒去追求所谓的个人理想和前途的人，才是真正的出风头呢。翁梅英和陈关兴达成共识，她一边积极配合丈夫工作，一边知疼知爱默默地照顾着他的生活。

肛肠外科开设后，前来求医的人越来越多。有来自河南省近三十多个县、市的患者，还有来自宁夏、山西、辽宁、北京等十多个省市的病人。特别是1981年，陈关兴平均每天要接诊三十余人，有时多达四五十人。门诊部肛肠外科只有陈关兴一个人，对一些年老体弱、行动不便的病人和怀抱孩子的妇女，陈关兴总是主动为他们划价、交款、取药。他的付出，得到的是病人给他的信任和真诚，以及康复后发自内心的微笑和感激。在陈关兴看来，自己再苦再累，也值了。

1988年2月6日，《平顶山日报》以《军医陈关兴》为题对陈关兴关心病人疾苦的事迹做了报道。在陈关兴走上肛肠专业的二十多年里,门诊近10万人次,手术病人近5 000例。他创新的"改道截根术"治疗复杂性肛瘘有特效,入选《中国名医名药大观》一书,《总后卫生信息报》《河南医药信息报》《解放军报》均对此做了报道。陈关兴为病人解除痛苦的同时,还在医学刊物上发表论文三十余篇,出版专著《实用肛肠病与临床》,并入选《世界名人录》《中国专家》。陈关兴冲锋在"前线",翁梅英护理在"后方",他俩因工作突出,多次立功受奖。

对陈关兴和翁梅英在部队时从医经历的了解,我对他们在小诊所为村民看病不得不由衷地感到钦佩。

在这篇文章发布之前,我又电话联系了翁梅英老师。她心生感慨,说广福村因建设需要,多年前已拆迁,当地村民按政策都住进了小区楼房,当年的事,广福村只留存在记忆里了……

难忘那慈祥的笑脸

那年国庆节,我去涟水县小李集乡采访一个叫大鹏的同学,他是我一位朋友的侄子。大鹏不在家,他的妈妈接待了我。从家徒四壁中我了解到,大鹏的父亲因病去世后,家里背了很多债务,大鹏考上大学,学费一时没有着落。大鹏还有一个弟弟,正读中学,全家人的生活全压在大鹏的母亲那羸弱的肩膀上。离开大鹏家后,我写了篇《爱心助大鹏展翅》的文章,发表在《新民晚报》"夜光杯"栏目。文章发表不久,我便接到报社转来的两封读者来信,一位读者提出愿意帮大鹏母亲在上海找份工作,另一位读者表达了赞助大鹏学费的心愿。我随即与朋友联系,朋友说考虑到家里的农田离不开人,大鹏母亲无法来上海工作。后来,我便与那位叫王老师的好心人达成了共识,我把大鹏的学校地址告诉了她,由他们直接联系。

有一天,我接到王老师的来信,她在信中说,已与大鹏通信了,每月按时给他汇款。得到这样的消息,我的心里感到很温暖。我给王老师回信,说有空一定去看望她。那时候,我经常外出采访,回到编辑部又赶写稿件,一直没去拜访王老师。

一个冬日的午后,我来到霍山路,走进了王老师的家。落座甫定,王老师已给我煮好了一碗汤圆。她微笑着对我说,快吃吧,暖和暖和。闲聊中,我得知王老师已85岁了,是位退休英语老师,一个人住在这间犹太式老房子里。午后的阳光,透过那扇玻璃窗暖暖地照进房间,窗台上有绽放的水仙花。王老师说起她年轻时的工作,还谈到女儿想安置她住养老院的事。说着说着,她还拿来了她的相册。我的心情荡漾在那写满黑白照片的世界里:多么朴素的年代啊,人与人相处就像黑白照片一样,简单而真实,历久而弥新。那也是个热爱看书的时代,优秀的文学作品像精神营养一样丰富着每一个人的心灵。

  我翻着翻着,看到一叠叠汇款单据,原来是王老师从 2003 年 12 月到 2006 年 12 月给大鹏每月的汇款单据。我再仔细一看,不禁被眼前的情景惊呆了。这三年来,王老师全以我的名义在给大鹏汇款。我用惊讶的眼神望着王老师,问她为什么要这样做?王老师的脸上露出温和的笑容来,她说只想做一件让心里感到温暖的事就行,不必再给自己清淡的生活增添额外的负担了。

  离开王老师家时,我看到窗台上的水仙花在冬日午后的阳光下显得格外的灿烂,散发着清香。

五爷说,再苦两年就回老家了

五爷(淮安话,意为五叔)一家人在宝山区淞滨路那里做冰块加工生意。这天,我去牡丹江路采访一位老军人,顺路去看望了五爷。五爷和五娘(五婶)还有堂弟们见到我,很是高兴。我在五爷那里吃了午饭。提到来上海做事的这些年,很多事让五爷五娘感慨不已。

那是 1994 年 8 月的一天下午,我接到门卫室卫兵打来的电话,说我的家人来看望我。事先没有一点消息,谁会来看我呢?容不得我多想,撒腿就往大门口奔去。远远的,我看到五爷和大姨夫(五爷的连襟)正和门卫说着话。我当兵三年,这是家人第一次来看我,既意外,也激动,一时喉头发热,眼泪在眼眶里直打转。

大姨夫是上海宝山区人,他说五爷举家来到上海,准备在盛桥镇那里开办酱油厂。我知道,五爷在老家赵集公社酱油厂工作时是技术员,十里八村的乡亲都说赵集酱油厂做的酱油好吃,而且也不贵。有过四年当兵经历的五爷敢闯敢试,没想到他来上海谋发展了。五爷听罢摇摇头,苦笑着叹口气说,卫生许可证无法办理,酱油厂开不出来呢。酱油厂不能办,可一家人要吃饭啊,得知盛桥是生产蔬菜的一个镇,一不做二不休,五爷做起了蔬菜生意。为了节省成本,五爷每天早早起床,骑上人力三轮车,将批发好的蔬菜运到淞滨路的一个小菜场卖。离家不易,挣钱更难。五爷说五娘在夜晚抹着眼泪,有点后悔来上海了。那晚,五爷和大姨夫住在部队。第二天上午,领导批准我一天假,去五爷那里看看。

五爷做了两年蔬菜生意,吃了很多辛苦,钱也没赚多少。一次偶然机会,五爷发现码头每天靠岸的渔船批发海鱼和海虾,商贩们批发的鱼虾到了午时还没卖出去的话,都需要冰沙降温,以防变坏腐烂。生意讲究的是需要量,五爷为了解行情跑到农贸市场打听,得到了做冰块加工生意的人并不多的消息。从那时起,五爷不再批发蔬菜,而是买了一个冰块粉碎机,还买了一辆二手小货车,每天从冷库里批发冰块,做起了粉碎冰块的生意。别说,这生意无需起早,也不用跑路,两个堂弟年轻,有点力气活也不用五爷上手。这一干,就是二十多年,从当年的一辆二手小货车换成一辆崭新的大货车。这一干,五爷在老家县城买了四套房子。今年69岁的五爷高兴地跟我说,再苦两年,就回老家养老了。

提到老家,想到过去,五娘接过话茬,说过去那穷日子真是过怕了呢。远的说,1958年吃大锅饭,1960年、1961年、1962年,国家连续三年困难时期。后来能吃饱肚子了,整天吃粗硬的玉米饼,到了春天"青黄不接"的时候,个个饿得头晕腿软。一年到头看不到白面大米,连肉的影子都看不到。现在好了,只要你聪明能干不怕苦,就能苦到钱;农民看病住院,政府还能报销一部分,种地收粮不用上交农业税;还有啊,老家村村通公路,下雨天再也不怕有烂泥巴粘鞋子了。所以啊,老百姓日子好不好,关键看党的政策好不好。我问,五娘,您是党员啊?五娘哈哈大笑起来,说,我虽不是党员,但你们这个大家庭里,你爸、你二爷、你三爷、你四爷、你五爷,还有你二娘,再加上你,还有你四爷家的堂弟,有八个党员呢。按你奶奶生前的话说,在我们家可以成立两个党小组了。

都说金窝银窝不如自家的狗窝。五娘说,在外苦再多的钱,心里总觉得不踏实,没有安全感。在这里即使有处得好的邻居,毕竟不是乡里乡亲的,总觉得少一些心里的那份亲和近。若在老家,几十年的邻居,知根知底,那种浓浓的植根于骨髓的乡音,旅居异乡是无论如何都无法找到的。五娘是个高中生,她还说,大海再美,浮萍还是浮萍。没有根的生活,人心是不会踏实的,来上海是为了苦钱,不是为了安家。

五爷五娘一家人在淞滨路生活了二十六年,其中甘苦,如人饮水,唯有他们自己知道。临别前,我跟五爷说,今年春节前,我来给他过70岁生日。

三块烧饼

我在县城医院上班两年多来,晚饭后总会到设备科看书或做些白天没完成的活。这天晚饭后,我路过门诊大楼时,有一个与我年龄相仿的小伙子向我打听附近哪里有便宜的旅店,旁边有位50岁上下的大娘拄着拐杖正望着我。小伙子自报家门,说他带着母亲从老家宿迁农村来这里看病,晚上想找个落脚的地方。

时值炎夏,阳光的余温还在楼宇间回流。小伙子长得壮实,额头上的汗珠正从脸颊上滑落下来。可能出于我也是农村人的缘故,很能理解农村人到城里看病的难处。于是,我对小伙子说,这样吧,今晚你们就到我的宿舍里对付一下吧。拄着拐杖的大娘连连说那怎么好意思呢,那怎么行呢。小伙子露出憨憨的歉意的笑来,然后去扶他的母亲。

我的宿舍在老门诊二楼,这是一幢即将要拆的房子。小伙子搀扶着他的母亲,艰难地来到了我的宿舍。宿舍里有两张床,我的室友回老家了,算是比较方便。我打开窗户,让风吹进来。大娘笑着对我说,她还是第一次住在楼上呢。我也笑着对她说,大娘,我跟您一样,也是第一次住楼房呢。大娘向我介绍起小伙子来,说是她的三儿子,小名叫陈小憨子。当得知他们还没吃晚饭时,我先是去楼下左边的大众饭店,结果包子都卖完了,只有面条。没办法,我又跑到马路对面巷子里的烧饼摊,老板说只剩下最后三块了。宿舍里有开水,可以让他们填填肚子。大娘非要让陈小憨子给我钱,还说住旅店也是要花钱的。我说,我们生产队里的人来看病我都这样的,哪里能收钱呢。那一晚,陈小憨子没怎么说话,倒是大娘说了陈小憨子的许多事来,说他脑子笨,跟他父亲学剃头手艺都学一年了,头还剃不好。窗外的汽车声渐少时,我和陈小憨子进入了梦乡,不知大娘是什么时候睡着的。

第二天上班时,我请一位熟悉的骨科医生,帮大娘的腿检查了一下。原来,大娘的腿痛是风湿病。陈小憨子买好了药,就带着大娘回家了。

后来,我离开医院参军到了部队。四年后我探亲回淮阴时,听说宿迁独立建市,不再隶属于淮阴市。听到这个消息,我不禁想到了陈小憨子,不知他的剃头手艺学得怎么样了,也不知大娘的腿好了没有。

有一年夏天,我与几位上海作家朋友去山东泰安采风。攀登泰山是我多年的愿望,可惜几位朋友都去过,他们另有安排,我便独自去了泰山。当我从五岳独尊回到山下的停车场准备返回时,发现自己的钱包竟不翼而飞了。在人生地不熟的泰山脚下,身无分文,这可怎么办啊?就在我一筹莫展不知所措时,突然听到有人叫了我一声。这声音,此刻仿若天籁之音传入我的耳朵。我四下张望,只见从一辆面包车里走下一个人来,定睛一看,这不是陈小憨子嘛!天呐,他的出现对我来说,简直就是大救星呢。

路上,陈小憨子跟我讲起了他这些年来的变化。他说那年夏天带着妈妈从医院回家后,就参加招工去了山东一家建筑公司。他说受了我的影响,利用业余时间参加了成人自学考试。三年后,他取得了大专文凭,不久被调到分公司办公室,现在已是办公室副主任了。说到这里,他拉着我的手深情地说:"李大哥啊,这么多年过去了,我一直都记着你给我和母亲买的那三块烧饼呢……"他说着说着,眼睛发红起来,泪水浸满了眼眶。

  岁月沉淀世间的浮华,让人性深处的那份柔软逐渐清晰起来。这些年来,每次想到我和陈小憨子相遇的情景,心里总是暖暖的。在没有手机的年代里,我从部队到地方,工作几经调动,我和陈小憨子又失去了联系。有时我想,在这余生的世界里,我们还能相见吗?

郭关福师傅，您还好吧！

周末，有位学友相约，说是想和我聊聊关于"一风思悟"公众号的事。他开门见山，说这个公众号的文章很暖心，还给人以启发。他还说，有这些温暖的人和事陪伴我一路走来，羡慕我是个很幸福的人。他问我，是怎么想到会写这些人和事的？我说，他们在我的生活里就像一盏盏明灯，曾经温暖过我的心灵。当寻到他们并在我的记忆里进行隔空对话时，他们就成了我故事里的主人公。他又问我，当年我所在的部队在哪里时，我说在高桥镇附近。提到高桥镇，我一下子想到了郭关福师傅。

那时买东西或邮寄什么，我都会到高桥镇。骑自行车到高桥镇也就20分钟的样子。从部队到高桥镇，会经过胡家街。在胡家街那座小桥头拐弯处，有个自行车修理铺。有一回，我向战友借了辆自行车去高桥镇，不想刚到胡家街发现后轮胎泄气了，我推着车到那个修理铺去补胎。老师傅一边补轮胎，一边和我唠嗑。他说后轮胎是被钉子给扎破了，还说自行车中轴线有点偏，骑起来肯定有点吃力的。我说，这是向战友借来的。聊天中，我得知他姓郭，退休前在高桥镇化工厂上班，退休后闲着无事，就在家门口摆了个铺子，打发打发时间。那是夏天，他穿着一条藏青色肥大的裤子，上身穿着白色的背心，肩膀上搭着一条白色的毛巾。头发半白的他，戴着度数较深的眼镜，说话朗朗热情。自行车修好后，他怎么都不收我的钱，说就是动动手的活儿。我说，您用的胶水也得自己花钱买呢。他哈哈地笑了起来,说胶水才值几个钱啊。他接着说,不要说军民鱼水情了,就是过路人修车,他也只是象征性地收点成本费,如果人家没零钱的话也就不收了。临别前,他跟我说,以后到高桥镇办事就到他这里坐坐。从那天起,我叫他"郭师傅",他叫我"小李"。

又是一个星期天。想到郭师傅穿的那条肥大的藏青色裤子,我从衣柜里取出一条没穿过的蓝色军裤想送他。当郭师傅拿着军裤时,欢喜得不得了,高兴地说,这才是正宗的军裤呢,他说自己身上的那条是冒牌货。他的老伴连连说,这怎么好意思呢,说什么也要留我在他家里吃午饭。我说还有事要回部队,就下次来吧。那时,我经常帮其他科室制作工作年度计划图,所以,总会到高桥镇买些白纸和彩笔。有一回,郭师傅知道我去镇里买东西,特别跟我强调,说等会儿一定要到他这里坐一会儿。等买好纸笔路过郭师傅家时,他的老伴已切好了西瓜放在盆里等我了。郭师傅客气地对我说,小李啊,来来来,天气热,吃几块西瓜凉快凉快。看着他们夫妻俩对我的热情,我心里的那份温暖比他们的西瓜还要甜。等吃好了西瓜,郭师傅指着一辆半旧的自行车对我说,小李啊,这是我自己拼装的,如果你不嫌弃的话,就送给你,出来也方便一点。我说,那我给您一点钱吧。郭师傅的嗓门大了起来,说这是哪里的话,不用给钱。他的老伴笑着对我说,老郭知道你没自行车,就特意给你组装了一辆,你就不要客气了。那天,我骑着一辆自行车、带着一辆自行车回了部队。别说,那辆郭师傅拼装的自行车骑起来特别省力好骑。

有一次我回淮安探亲,在回上海的大巴士上,我接到郭师傅打来的电话,他在电话里兴奋地对我说:"小李啊,我看到今天的《新民晚报》'夜光杯'栏目你写的《若为自由故》这篇文章了,老伴高兴得要命,还拿着报纸对邻居说,这是部队里我们认识的小李写的。"听着郭师傅的话,我心里不禁涌起一阵暖流来。他们夫妻俩已然把我当作自己的孩子一样来看待了。我知道,他有一个儿子,年龄比我大一些,有那种反应比较迟钝的病,因身体原因,无法参加工作。他每次看到我,只是向我笑笑,说句来了啊。郭师傅有一次对我说,他有一个傻儿子。他们夫妻俩退休后,用自己的善心尽力去为路过的人做些方便的事,想必他们从内心深处需要一份精神上的安慰吧。

  2003年我转业到浦西工作后,很少再去浦东。2013年我开始徒步运动,每个双休日总会出去走几个小时。上海市除了金山区、崇明区、嘉定区没有前往,其他区都步行过。有一天,我想到了郭师傅,决定步行去高桥镇。当我再次来到高桥镇时,全然变了模样,我都不认识了,哪里还有胡家街啊?问行人,找到了当年胡家街的地方,已物是人非,高楼耸立,马路宽敞,我到哪里去寻找郭师傅啊?从龙华寺附近步行到高桥镇走了八个小时,天色已近傍晚,我想只能下次再通过高桥镇派出所查询郭师傅户籍所在地了。好在我知道郭师傅的姓名,他叫郭关福。

  与学友讲到郭师傅的事,我心里依然是暖暖的。想到郭师傅,他今年应该80多岁了。

暴雨中的那把伞

这天下班的路上,当我步行到东安路零陵路口时,天空落下零星的雨滴。仰望天空,有大块乌云停滞不动,估计是要下大雨了。于是,我加快了步伐,赶到中山南二路的公交车站台,以免遭雨,今天没带伞。

坐上41路公交车,心里踏实多了,好在雨也没有落下。车行至龙华寺附近时,只听到雨水打在公交车的挡风玻璃上发出噼里啪啦的响声来,且雨势越来越大。车在十字路口待绿灯拐弯进入终点站的那会儿,我心里开始焦急起来。这样大的雨,下车后不出三步衣服就得湿透。咱军人出身,并不担心淋湿了衣服会感冒,而是我还从没被这样的雨水淋透过。再说,被淋雨时的那种落汤鸡的感觉走在行人中总是有点不自在的。

很多年以来,我的包里一直有把备用的雨伞。所以,外出也从不担心何时会下雨。有几回,早晨出门前看了天气预报是多云,考虑外出走路方便些就拿着小一点的包,自然就不带雨伞了。结果途中见天空有乌云飘过,心里就担心起来,生怕下雨怎么办。所以,为了心里踏实,后来外出时包里总会放着一把雨伞。今天早上,看天气预报也没说要下大雨啊,这傍晚时分怎么会暴雨如注呢?

公交车里,除我之外,还有一对不知是母女还是婆媳,她们坐在我的前排位置,正在说着话,好像是那位母亲也没有带伞。在我感叹暴雨"怎么还不停"时,那位女士回过头来问我有没有带伞,我摇了摇头。她跟她的母亲说着什么,然后又低头好像在发消息。我看到她的手里拿着一把银白色缀有红点的太阳伞。

公交车转弯之后,几十秒钟就进站了。而这暴雨,丝毫没有减小的意思。我想,实在不行,下车后就跑进调度室里暂时躲一会儿吧。当车进站停靠前,我看到那个调度室门前已站满了人。这可怎么办?车停下了,我跟驾驶员商量,能不能在车里再躲会儿雨。驾驶员说,他下车敲好卡就回头了。就在这时,那对母女下车了。我看到车门前一位先生左手拿着两把雨伞,右手撑着一把。那位女士跟她母亲说:"妈,你拿这把小一点的,那把大的给他用。"说着,她就将那把大的雨伞转身递给了我。雨量很大,行人走也走不快。我撑起这把枣红色的大雨伞,走在他们一家三口人的身后。雨伞挡住了天空落下的雨水。一时间,我享受着伞下一片晴天的感觉。这感觉,是一种踏实和心安。要知道,在这分秒之前,我可真的不知道如何确定下车后的去向呢。

撑着伞,我大步流星地走在回家的暴雨中。忽想起多年前看过的一篇文章,文章大意是有一个和我今天有着同样遭遇的人,下车后在站台突遭暴雨,有位好心人给他送来了一把伞。他写了篇文章发表在某刊物上,对那位好心人感恩有加。后来,有读者借那篇文章发表了另一种想法,说陌生人帮助你一次,你就感恩不尽,而你的父母帮助了你几十年,你却从没有感恩的心情……今天想到这件事,不觉心生感慨。父母帮助自己的孩子,是血缘关系使然。换句话说,你的父母怎么不对其他孩子无私帮助呢?再说,等父母老了,还不是自己的孩子来行孝道吗?所以,父母对于孩子,和孩子对于父母,是一种亲人之间的因果关系,不能与社会关系做比较。而我们在外一时遇到困难,有一个陌生人向你伸出援助之手时,他们是出于一种善,而不是亲人之间的那种血缘之情。这种善,是他们对社会表达的一种无私的感情和无需回报的大爱。相比之下,要远远高于父母对于孩子的那种局限之爱。

　　回到家里,鞋子和裤脚都淋湿了。我撑开这把枣红色的大伞,只见上面印着"中国浦东干部学院"。那位好心的女士,她戴着口罩,我无法看清她的脸庞。因下车时雨大又有些着急,也没能留下她的联系方式。我想,这把大伞就留在我的身边吧,这样,它可以一直提示我,要像那位好心的女士一样,在别人有难处时及时伸出援助之手,为社会营造一份温暖和美好。

雀有才的幸福生活

我在桂林读书时,为办个人书法展去市区买宣纸。如果满大街去找,恐怕会浪费很多时间。于是,我到火车站地下广场问瑶凤,她告诉我象鼻山那里有个雀有才书画廊,宣纸便宜。我找到了那间画廊,老板是个三十几岁的先生,当时正在画一幅桂林山水画。

我说明来意,他让我先坐一会儿,说手里的活儿很快就好。我打量着眼前的画廊,他这个店铺准确来说充其量是间画室。面积不大,连个柜台都没有,面对门的是一个很大的作书画的案板。可能正是这个原因,门外的人一眼就能够看到主人在作画写字。约过了10分钟的样子,他放下笔,抬起头冲我笑了笑,说都是糊口的活计,然后给我倒了杯茶。他端详着我的军装,说炮院的一位程教员买宣纸都到他这里来,问我是不是他介绍来的。我说是火车站地下广场卖书画的瑶凤告诉我的。老板笑了起来,说是瑶凤啊,她那里的书画作品都是从我这里拿的。他还对我说,大家都是朋友了,以后你叫我"有才"吧。就这样,我们越聊越熟悉起来了。

在我们说话的当口,有位顾客走了进来,买了一刀4尺生宣,才20元。我心想,有才这里的宣纸比文房四宝商店里的价格便宜很多呢。那人付完钱之后,有才还郑重其事地开了票据,将一张粉红色的三联单撕给了那个客户。我问有才,这都是你个人的店,而且刚才那个人也没提出要开票据啊,你为什么还要开给他呢?有才说,每个月都要将这些票据整理好带给他老婆,让她了解店里的经营状况。我跟他开玩笑,说如果你要少开数目呢,反正你老婆也不知道。没想到他一下子严肃起来,说:"我们乡下有句俗语叫'一次被骗,终身不信',我可不能因为一点私房钱一辈子被老婆瞧不起啊。"听了他的话,我感到既惭愧又欣慰。惭愧的是,我不该说那样的话,哪怕是句玩笑话。欣慰的是,有才和他的老婆彼此信任。可能是有才觉察到我的尴尬,连忙说,我知道你刚才说的是玩笑话,别往心里去啊。他又给我续了茶水,说人与人之间能长久友好相处,信任是首要条件。如果没有了信任,什么事都做不成。离开画廊前,他让我有空就来画廊坐坐。

第二次去有才那里,是一个月后的星期天。自那次在学院举办过书法展后,有好多战友让我为他们写书法,说是为了回家后送人。为了体现出效果,战友们都让我将作品装裱好。于是,我又来到了有才画廊。有才第一次看到我的书法,跟我说:"送你一刀宣纸,你回去后写条幅,每幅我给你20块钱。怎么样?"我当然愿意,一是白拿他的宣纸,二是练习书法还能赚钱,毕竟那时我每个月的津贴才100元。我问有才,我写的书法是不是放在他的画廊里卖?他说,不是的,不是的,是装裱好寄到深圳。原来,他画的桂林山水国画都是到深圳卖的。他坦白,我的书法作品一幅卖给他20元,他装裱好卖到深圳是50元,深圳那边一幅可能要卖一百多块钱。一点不费力就能赚到生活费,我自然高兴。我问他下个星期交给他多少幅,他说暂时先写10幅。他说有件事要先说明白,就是只有等作品卖出去了,才能拿到钱。这点我当然清楚。那天,我拿着免费的宣纸一路开心地回到学员队,当晚就一口气写了10幅。又到了星期天,我将书法作品拿到有才那里,他看到我连说:"幸亏你现在来,下午我就要回家收割稻谷了。"听他这话,我情不自禁地笑了,拿起画笔是画家,拿起镰刀是农民。

暑假过后,我从老家又回到了学校。开学的第一个星期天,我就去了有才那里,想问问他有没有业务可做。他刚好在画廊,见到我,还没等我落座就迫不及待地拿给我200元,乐滋滋地对我说,回去你再写20幅吧。又给我倒上茶水,满脸红光地对我说:"今年收成不错,画也卖得好,中午请你喝啤酒啊。"听着有才的话,我觉得他的生活好自足。农忙时就回家,农闲时就来画廊。他和老婆彼此信任,与我合作简单明了。想到他待人和善简单,我便问起他的名字的由来。他说家族辈分轮到他是"有"字辈,家里兄弟四人,父亲给他们起名分别为"文、武、全、才",他是老小。我说你"确实有才"呢。他笑着答,是"缺友少才"。

很多年过去了,每次想到有才,我都以他为榜样,用真诚的心善待每一个人,用简单的观念去看待每一件事,用自足的心态对待每一次得失。在我心里,有才永远不会缺少朋友,因为他从不说自己是个"缺钱少才"的人。

洛阳有个"悟悦萱"

两年前的夏天,我在闵行区灵灵阁参加一个活动。午饭后,参会人员随意聊了起来。一位穿着有点汉代装束的女孩不时地与其他人攀谈着,感觉她与好多人很熟悉。她突然问我,说佛教传入中国后兴建的第一座官办寺院是哪一座?说实话,我对佛教知识一点都不懂,只能讨教于她。她笑着说:"那你记住了,是白马寺,在洛阳,我就是洛阳人。"好一个开朗会搭讪的年轻人。

后来,我们几乎不太联系。很多时候,各自繁忙的生活也几乎淡化了彼此的存在。直到去年4月份,也是出于偶然的一个想法,不知怎么就联系了她。记得那天我给她的消息也是比较含蓄的。按上海话讲,她还是个比较会"接翎子"的人。当她意会到我想做微信公众号时,她竟不顾一天的劳累,把我发给她的一篇文章在凌晨做好了公众号。这让我感到很意外,这意外出于我对她的第一印象。

自那以后,她成了"一风思悟"微信公众号的版面编辑。起初,她不但给文章排版,还主动给文章配音。过了一个阶段,她又推介长春的一位朋友给公众号配音。按她的话说,做事就要投入浑身的劲儿,并把这劲儿转化为一种对美的感受。这样,你就能心生喜爱并能把事情做好了。真正了解她,还是这次她邀我前往国太寺与她合作草染《心经》作品。

她叫王娟,是一位制衣匠人。别看她年纪不大,在洛阳当地做旗袍可算是小有名气呢。听她说话,就像唱歌一样,一边说着,一边笑着,一点也不严肃的那种。她说,爱上做衣服这个行当,完全源于女儿。在她看来,小孩子的皮肤嫩,又易于过敏,她就想自己做一些纯棉柔软的衣服给女儿穿。考虑到白色的棉布颜色单一,要是染上无毒害的色彩出来,那样既好看又舒适,多好啊。说干就干。在家人的协助下,王娟买来十余种不同的棉布,用身边随手可得的紫草、艾草、黄豆、绿豆、红豆、黑米、玫瑰、菊花、茶叶等材料进行染布试样。王娟的婆婆以前是大户人家的姑娘,受过老一辈人古法染布的熏陶和技艺传承。看王娟染布,就来传授技艺:加点儿盐、加点儿醋……用王娟的话说,"蛮好玩的,玩着玩着就上瘾了"。

提到草染的工序,王娟说,染布需要一口缸。首先要生缸,就是在缸里放米酒之类的东西,去养这口缸,每天都要搅动搅动,直到有一天生出了蓝靛花,再把布放进去,看着布变蓝,拿出来再由蓝变绿……染一次成功的布,就像生孩子一样,那真是要费老大劲呢。我问,草染有几种染法呢?王娟告诉我,染法很多,最基础的是扎染和缝染。扎染,技术在于绳子要扎得很紧。缝染,针脚必须缝得很密,这样染出来的图案才丰富好看。她还给我演示了扎染。我看到扎布时,由于很用力,她的手被勒出一道道的红印。而拆布时,她又极为细心地用剪刀一点一点地剪。她说,这时可不能粗心呢,一不小心就会剪破。

在婆婆的悉心指导下,加之王娟不断地尝试练习,草染技法她已基本掌握。当我问到制作服装是否也是受技于婆婆时,王娟摇了摇头,说提到做衣服,起初真让她哭笑不得。她是个凭感觉做事的人,没想到给儿子做的第一条裤子,儿子直喊不舒服。她不信,为自己也做了一条,结果别扭难穿。她明白,草染好与不好,只是色差带来的审美效果,而服装让人穿得是否舒适,完全就像烧菜,如果盐巴放得太多,让人难以下咽,那就不是审美的问题了。

想要制作美观大方、穿着舒适的衣服,自己琢磨当然不行,她决定外出求学。女儿没断奶时,她就抱着女儿去跟百岁老人学挖大襟、做长袍。2016年春末夏初,女儿断奶后,她就抽空去福建、贵州两地,学裁剪、缝纫、制衣。学期结束,老师对她说:"你可以回去开工作室了。"凡事就怕认真。王娟凭着一股劲,在身无分文的情况下,她还真的把工作室开起来了,取名"棉棉小窝手作布艺坊"。在她心里,已经不只是玩玩而已了,她的目标是:既能染,又能做,用自己染的布做自己设计的衣服。

王娟的工作室没有招牌,几乎都是老顾客。当然,也有很多是朋友介绍来的。人满多是回头客,技艺创新月照人。她想开拓旗袍的新路。在她看来,只有古今结合,才能在传承中引领旗袍文化。为此,她先后两次前往上海进修海派旗袍、古法旗袍,学习旗袍制版、剪裁、工艺、定制。学思结合,灵性涌动,她的心里有一朵朵兴奋的浪花被激起。"悟悦萱"品牌应运而生。

有奋斗,才有激情。有传承,才能创新。2019年,洛阳王娟的"草染技艺"被评为洛阳市西工区非物质文化遗产。2020年3月,她的作品参加第二届中国布艺爱好者大赛,获得童装组银奖。这年5月,她去浙江游学,到柯桥布料厂看工人用荨(qián)麻一步步加工成布料、染色,深感布料来之不易。在那一刻,她意识到每一寸布都是有生命的,虽然形状改变了,但其本质无损。半丝半缕,恒念物力维艰。从那时起,王娟再不敢轻易浪费每一块碎布料了。

当我问及今后有何打算时,王娟坦言,这次在国太寺草染了一千条手绢后,草染技艺再次获得精进。回洛阳后,她打算专心做定制,比如定制旗袍。我又问,那你做一件旗袍需要多长时间呢?她说,至少要花七天时间。制作一件旗袍竟要花一个星期,惊得我张大了嘴巴好半天。

凡事讲究,定花功夫。凡事随意,恐怕最后连做人也会随意了吧。

触动我心灵的风景

晚饭后,我一如既往地走在徐汇滨江西岸。这些年来,西岸有很多变化,岸边多了银杏树,后来银杏树上又多了点缀夜色的灯光;原上海飞机制造厂250号厂房变成了西岸艺术中心;昔日的龙华机场供油站变成了上海油罐艺术公园;过去的上海飞机制造厂机库变成了余德耀美术馆等等。高高的海事塔的灯光,成了我每天晚上走路的航标。

一个夏夜,当我走到海事塔那里时,有三个身影闯入我的眼帘,他们是一对夫妇和他们的女儿。女孩估计10岁左右的样子,双腿不能自行站立,嘴巴里不时有口水流出来,她的胸前别着一块小毛巾,路人一看便知,她是个脑瘫儿。只见爸爸弯着腰,双手从女儿的身后托着,用左右脚分别抵着女儿的左右脚,就那样左一脚右一脚地向前挪着步。走在一旁的妈妈手里拿着一块白色的毛巾,一会儿给爸爸擦汗,一会儿给女儿擦汗。海事塔下是个小广场,有中年妇女跳群舞的,有小孩子溜旱冰的,还有做瑜伽的。音乐声此起彼伏,海事塔闪烁的灯光呼应着对岸世博会的景致,斑斓着美丽的夜色。

有一次,我看到那个爸爸坐在一旁的台阶上喝着水擦着汗。那个妈妈个头不高,人也长得消瘦,她一边吃力地抱着女儿,一边喃喃地说:"让爸爸歇歇吧,来,我们再走走……"我很想走上前去与那个爸爸搭话,几经犹豫,我的脚步还是离开了。遇到女儿患上这样的病,对一个家庭来说无疑是不幸的,我又怎能再忍心去触碰他们已被岁月结痂的心灵呢？看着那个小女孩,我的心不由得心痛起来,她应该和我的女儿差不多的年龄,可她却享受不到奔跑的自由！我能想象,小女孩的爸爸妈妈是多么希望自己的女儿能像身旁的孩子一样健康活泼地成长啊。哪怕女儿学习成绩不好,哪怕女儿闯了让人啼笑皆非的祸,哪怕女儿和爸爸妈妈吵架都行啊,只要她能站起来走路就行啊……是时,黄浦江上吹来一阵凉凉的风,吹拂着那个妈妈的头发和弯卜的背。那是一个辛劳又坚强的背影,在灯光下是那么的慈祥和爱怜。

时间不急不慢地过去了 10 年。

跑道公园开放以来,晚饭后我就很少去江边散步了,因为从家里去跑道公园比去江边近些。一天晚上,时间宽余,我便去了夜色中的滨江西岸。江边的木条地板,因常年雨水浸润已渐趋腐损,我看到有些木条已被撬起,准备更新了。这些木条地板建于世博会那年,过五年更新一次,如今已十年,又进行整修了。就在我快走到海事塔时,一幕熟悉的场景映入我的眼帘。那位年过半百的父亲正抱着二十几岁的女儿左一步右一步地向前挪着步……可能是女儿大了,体重重了,再加上走得缓慢的缘故,我看到他们走了一会儿就坐下来歇一歇。

我不便停下脚步再看他们,就向那个往日热闹的小广场走去。今晚这里没有了跳舞的人,也不见了溜旱冰的孩子们,这个小广场的地板正处于整修阶段。我抬头看那高高的闪着变幻霓虹的海事塔,这里显得少有的静。

走过那座桥,扑面而来的是节奏欢快的音乐,激越着一群晚练的人们的心。我知道,这是人们向往美好生活的方式之一。来这里晚练的人,每天固定时间,从 7 点半到 8 点半,还有不少人穿着统一的运动服装,他们活得有滋有味。

我站在大桥一隅,看这边人们热火朝天地欢愉着,想那边父女挪着每一寸脚步的艰难。一边是为了自己的身体健康,一边是为了女儿而不辞辛劳。想到那个脑瘫女孩的爸爸妈妈,他们是否会羡慕桥这边生活自由的人们,想去哪里旅游就去哪里,想什么时候出来锻炼就什么时候出来……很多年过去了,他们是否为每天照料生活不能自理的女儿,就连走路都要爸爸妈妈帮忙而心生烦恼呢?是否还会想到以后他们老了病了,女儿可怎么办呢?或许,女孩的爸爸妈妈并没有想这些,他们只想到是自己的女儿,就要尽父母的责任——每天照顾,年年如此,不必去想太多,一切都是安排。

在回来的路上,我没看到那对父女,他们可能回家了吧。望着微微起伏的江水,我忽然想到幸福的概念,想必每个人都有自己的理解。我想,对脑瘫女孩的爸爸妈妈来说,幸福应该是女儿的存在吧。江边的地板木条腐损了可以更新,女儿若不在了,那就永远地不在了。在生命的世界里,面对自己疼爱的人,人在,即陪伴在;人不在了,不管到哪里也再找不到了。

有时我会想到那对夫妇,他们到底是因为希望而坚持,还是因为坚持而看到了希望?可能在他们看来,只为疼爱女儿而尽父母的一种责任吧。在我们的社会生活里,爱和责任很多时候可能是分开的,而父母对于自己的孩子,可能实在无法说得清楚。我想,这应该就是一种慈悲情怀吧。

老赵说,至今他还惦念崔爱兰

老赵是位志愿军老战士。我本想采写他在朝鲜战场上救护伤员的故事,没想到,他跟我聊起当年在朝鲜时遇到的一位崔姑娘。考虑到种种原因,这里我就叫他"老赵"吧。

1951年12月,老赵随部队前往朝鲜战场,他是志愿军203师608团3营的卫生员。一个月后的一天晚上,部队到达朝鲜龙洞里。当地百姓拥戴志愿军,他们主动将家里的房子让出来,为志愿军食宿提供方便。老赵住在一户姓崔的人家,他们家母女俩相依为命。那天清晨,老赵刚醒就听到门外扫地的声音。他起床推开门,见一位十八九岁的姑娘在门前扫地,她个头高,一条长长的辫子过肩而下。老赵站在门口,静静地看着姑娘。姑娘抬起头来,也凝视着老赵,他们相视无语。姑娘向老赵莞尔一笑,老赵向她微笑点头。那天早晨,老赵知道那个姑娘叫崔爱兰。崔爱兰扫完地,回到了自己的房间。

吃完早饭,老赵和另一位卫生员按照医生的要求,到病房为伤员一个一个地换药。老赵没想到,崔爱兰一直跟在他们的身后,说做他们的助手。待老赵忙完一阵下来,因长时间弯腰换药,感到腰酸腿疼。崔爱兰主动将换下来的有血迹的纱布和绷带拿到河边去清洗,然后烧水消毒。崔爱兰还发动村里的妇女们帮伤员洗衣服、晒被子。崔爱兰的嗓音好,时常为老赵和伤员们唱歌,老赵他们虽听不懂歌词,但崔爱兰那宛如百灵鸟的嗓音非常动听悦耳。崔爱兰不但歌唱得好,而且她的舞也跳得好,战士们都喜欢崔爱兰。后来,崔爱兰对老赵说,她想单独给他唱歌跳舞,还说,如果能给老赵唱一辈子歌、跳一辈子舞是她的幸福。老赵听着崔爱兰的话,他的心里有阵阵暖流在热烈地涌动……

有一回,老赵和战友们正在门前劈柴火,卫生队的王医生过来叫老赵,说队里有事要他过去。崔爱兰妈妈指着老赵和崔爱兰说,他们真是天生的一对。在场的其他人都笑了,大家把目光都投向了老赵和崔爱兰,一时间,把老赵羞得脸都红了。那天晚饭,老赵无意中看到崔爱兰和她的妈妈吃的竟是糠皮和野菜。军民鱼水情,哪里都一样。老赵将这一情况汇报给了卫生队队长,战友们决定每人省一点,给崔爱兰她们家送去了半口袋的大米和面粉。当老赵将大米和面粉送到崔爱兰家时,母女俩感动得泪水涟涟。老赵借机向崔爱兰和她的妈妈说,谢谢你们的爱,但我军有严格规定,不能与崔爱兰谈恋爱,只能做永远的最好的朋友。

随着东线防御战的不断深入,卫生队也要开拔前线了。老赵含泪告别了崔爱兰。1953年上半年,我军在东海岸粉碎了美军企图从海上两栖登陆的战略计划。7月9日这天,卫生队接到上级命令,参加夏季反击战。行军途中,老赵竟发现部队路过的是久别的龙洞里!在百姓夹道相迎的人群里,老赵欣喜地看到了崔爱兰和她妈妈的身影,她们也看到了老赵。崔爱兰紧握着老赵的手,相顾无言,笑中带泪。因时间紧,不能再停留,老赵只给崔爱兰留下了一条印有"将革命进行到底"的毛巾,就匆匆消失在前进的队伍中。

1953年7月27日,朝鲜战争停战了。根据停战协议,我军必须撤出月峰山非军事区。8月4日,老赵所在部队撤出月峰山。公路两旁挤满了欢送他们的朝鲜人民,巨大的横幅上写着"英雄的中国人民志愿军万岁!""朝中两国人民友谊万岁!"。老人们跳着长鼓舞,姑娘们跳着团结舞,场景热闹非凡。为了感谢朝鲜人民的厚爱,部队放慢了步伐,战士们整理好军容走向了欢迎的人群。在拥挤的人群中,老赵又遇见了崔爱兰和她的妈妈。老赵走上前去,崔爱兰把他拉到人群后面,上上下下地把老赵打量了个遍,问老赵有没有受伤,崔爱兰的眼神里,流露出难言的不舍。老赵就要回国了,他也难抑心里的牵挂,四目相对,泪水成千行……

七十年过去了,老赵至今还记着崔爱兰。相信,崔爱兰也一样惦记着老赵吧。人世间,有一种深情叫惦念,它会随着岁月的积淀,在感情的世界里越积越厚重,越积越纯净,在生命的长河里,陪伴每个日夜。临别前,我对老赵说,崔爱兰一定也在想着您。老赵说,但愿她一切都好吧。

那个没人坐的座位

1998年夏天一个星期六,我从上海站坐火车去南京。落座后,就听到走廊左边有个小伙子对他的母亲说,妈,这一列火车上,总有一两个人因特殊原因没搭上车的,说不定我们就是那幸运的人呢。

与我坐一起的是一家三口,上车时刚认识的。进站台时,我见一家三口人提着几个很大的包,尤其那个妈妈显然有点吃力,我便主动提出帮忙。上车后,真是巧,我坐在他们的对面。那位老同志先向我开了口,他问我是不是当兵的,可能是他看我短头发,又穿着虽没有军衔但也是部队配发的长袖衬衫的缘故。我点点头,说是空军。他高兴地说他也当过兵,老部队就在浦东航津路附近的武警消防,转业前是教导员呢。我说我的部队和他的老部队只隔一条杨高路,举目可望。这一说,我们就熟悉起来了。他说这次来上海,一是看看他的老战友,二是带女儿来第九人民医院修复一下脸上的一个小疤痕。我抬眼看那姑娘,只见她的右脸颊上有一条长约两厘米的缝了针的伤痕"标记"。这时,他的爱人也微笑着跟我说起她当年来部队探亲的事,还介绍起她的老伴,说他姓刘,是济宁市某羊毛衫厂厂长。

汽笛鸣响,火车上的人也越来越多了,我看到旁边的走廊上站着一位陆军战士,他把行李放在了行李架上,拿出一块手帕擦了擦脸上的汗水。邻座的那一老一小谈着他们自己的事。不一会儿,一个拿着座位票的人请那个站票的小伙子让出了位置,小伙子的母亲依然坐在靠窗的位置上。我和刘厂长聊了许多关于部队的事，也听他的老伴讲军嫂生活的不易。到南京站之前，我和刘厂长互留了联系地址，希望今后能保持联系。我下车前，拉了下身边的那个陆军战士，让他坐在我的位置上。与刘厂长告别，他千叮万嘱，请我以后一定去济宁玩。

  回到部队后不久，想到刘厂长，我便给他写了封信。一个多星期后，我收到他女儿的来信。信中说，她的爸爸收到我的信很高兴，因他事务忙，就委托她给我回信。姑娘告诉我，她的名字叫刘霞，信中还提及那天我下车后的事。说那个陆军战士坐在了我的那个位置上，他不怎么爱说话，不时地抚摸着手里的军帽。她的爸爸问那战士是哪个部队的，他说在桂林。问他是探亲吗，战士的眼睛开始湿润起来，说他的母亲在前天去世了，他是回家奔丧的。问他家住哪里，战士说，济宁市微山县。刘霞问，从桂林坐火车到上海要多长时间呢？战士说，36个小时。刘霞妈妈有点心疼地对战士说，早知道这样，上车就把位置让给你坐呢。战士几番犹豫，最后说，他是有座位的。刘霞妈妈问，座位在哪里啊？有座位怎么不坐啊？战士向走廊左边望了望，说是靠近窗户的那个座位。那正是小伙子母亲坐的位置。战士说，看她的年纪跟自己的母亲相仿……战士说着说着，泪水滴落下来，刘霞妈妈的眼泪也跟着下来了。刘霞爸爸安慰战士，说他在部队做教导员时，有个战士新兵连训练刚结束就接到父亲去世的电报，为了母亲今后能过上不再受苦的生活，他立下考不上军校就不回家探亲的誓愿，在他当兵第三年，终于如愿以偿。后来，那个战士做到了副团长，把他的母亲接到了部队一起生活。听着这样的话，年轻的战士擦了擦眼泪，说他会向那个副团长学习，将来让自己的父亲过上好生活。刘霞还说，她妈妈是个直率的人，为了让那位坐了别人位置的母亲向战士道声感谢，就拿着战士的车票跟那个母亲说明了原委。

那一对母子对陆军战士一边说"对不起",一边说"感谢"。

  我和刘霞通过几封信,也电话联系过几次,她的母亲一直希望我能去济宁玩。后来,我因忙于学习和转业等事宜,就和他们断了联系。

战友张曼

2004年春节后,我去北京采访8341部队团长张耀祠将军。因时间紧,我对北京又不太熟悉,于是,我联系了在二炮总院工作的战友张曼。采访结束后,张曼陪我去看香山。那天风特别大,香山没其他游客。看着被大风刮得左右摇晃的观光缆车,我和张曼决定爬上去。站在那块"鬼见愁"大石旁,望着刚刚爬上来的陡坡,我们气喘吁吁。张曼感慨地说,有些难事就像爬坡,如果越过心里的那道坎,也就过来了。我觉得她话里有话。于是,她跟我讲了一件让她备感欣慰的事。

有天上午,张曼接到姐姐的电话,说妈妈的胃病又犯了。张曼放下电话不久,姐姐就把妈妈带到了她的办公室。好在病房里有空床位,很快办理了入院手续。这是一间两个床位的病房,张曼的妈妈住18床,19床是个女大学生,她们住进病房是前后脚的事。经检查,张曼的妈妈是十二指肠胃溃疡和浅表性胃炎,大学生是胃癌初期症状。张曼知道,影响胃病发作主要两个方面:一是饮食,二是情绪。妈妈今年已经85岁了,而大学生才21岁。

张曼的心里突然冒出一个大胆的想法,转而又想,这个想法太冒险,也很难实施,如弄巧成拙,自己恐怕要承受意想不到的后果。如果这个想法能顺利进行的话,也许奇迹会出现。具有多年心理咨询师经验的张曼,她想试一下自己的这个冒险的想法。

姐姐和妈妈听了张曼的想法后,妈妈说,这样做,不会影响到自己，但也要考虑万一的因素。姐姐说，这事得慎重考虑，毕竟这件事涉及很多人。张曼说，不试一下怎能知道行不行呢。

医生办公室里，一个从未有过的"关于18床和19床治疗方案联席会议"召开了。张曼把自己的想法说了出来，其他几个医生虽有顾虑，但都一致表示同意。19床所在的新闻系主任也表示同意，只是要向学校提出19床休学一年的申请。19床的父亲，含泪向医护人员和系主任深深地鞠了一个躬。就这样，一场没有硝烟的战争默默地展开了。

从那天晚上开始，18床的床头牌上写着：易今妹，女，85岁，胃癌。19床的床头牌上写着：沈一静，女，21岁，十二指肠胃溃疡。

渐渐地，18床和19床熟悉了。19床常常有意地逗18床说话，一口一个奶奶地叫着，话里带着安慰，夸赞奶奶与癌症搏斗的精神值得她学习。18床退休前是大学老师，也借机跟19床谈生活的乐观态度对生命质量的影响和意义。

这一老一小相处得很和睦，两家人也像亲戚似的，今天你煲了肉糜粥，明天我做了水饺，不管是粥还是水饺都是两个人的量，一老一小一人一份。张曼有个女儿，比19床小一岁，也读大学，还和19床是校友。她每次来，都会拉着19床的手，说大学里男女同学的各种新鲜事，惹得19床扑哧扑哧地笑……张曼看到她俩宛如姐妹，心里有说不出的高兴。

按医学临床经验，胃癌初期症状如果调理不好，就会导致胃切除甚至更严重的后果。而对十二指肠胃溃疡来说，十天半个月基本就能出院。考虑到沈一静生疑，张曼对她说，想要治好十二指肠胃溃疡，主要靠病发初期时的修复，你今年大二，可以抽出三个月的时间来治愈，校领导也同意你休学，治好了胃，就不会影响你毕业后找工作啊。

张曼和妈妈商量过,陪着 19 床继续住一段时间,等过了三个月再说。19 床的父亲是北京市一家装潢设计公司的老板,他多次找到张曼,把银行卡塞到张曼的手里,说让老太太跟着受苦受累,实在过意不去,这是他们全家人的心意。张曼当然不肯拿,她说,我是军医,再说妈妈退休前是老师,引导学生也是应该做的,更何况,你的女儿和我的女儿如同姐妹,我妈妈早就把她当成自己的孙女来疼了呢。这位老板,扑通一下跪在了张曼的面前,泪流满面地说不出话来……

医院毕竟是医院,两个月后,19 床有点耐不住了。张曼告诉她,听你的爸爸说,你在 3 岁时生过一场病,做过大手术,体质差,现在需要继续静养一段时间才能得到有效的恢复。等你的体质恢复后,就要考虑给你做手术了。张曼又强调一句:"不过,你不要担心,只是给你的胃切除一小块。"19 床心想,怪不得呢,总时不时地觉得胃不舒服,有时还感到浑身劲头不足,反正学校也批准休学一年的申请,那就再坚持一下吧。

三个月后,18 床和 19 床同一天出院了。

一年后,沈一静重新走进了校园。两年后,她的毕业论文获得全校第一名的成绩,因此被保送读研。又过了两年,她留校任教。

听着张曼的故事,我打心里佩服她的智慧和胆识,还有她对病患真诚的爱。我想,人生病之后,除了药物控制必要外,更主要的还是靠良好的心态来慢慢修复。在张曼的生活里,从此多了一个女儿的爱。望着"鬼见愁"石头旁的一朵杜鹃花,在积雪中阳光下分外鲜红,张曼若有所思地对我说,生命就像这鲜红的花儿一样,你给她浇灌,她一定会给你芳香。

记忆留存的南酸枣糕

有一年春末夏初,我去无锡散心。那天晚饭后,闲逛到瑞景道。走了很远的路,我在一家超市门前歇脚乘风凉。不远处,有个60岁上下的男人坐在地上,面前放着一个碗。一看便知,他在讨钱呢。

不一会儿,有个长得清秀的女孩从超市里出来,走到那讨钱的人面前,向那个碗里投放硬币。她不是一次性地放进去,而是一枚一枚地投入,我仿佛能听到那硬币掉进碗里的声音。那讨钱人的脸上露出笑来。过了10分钟的样子,那个女孩又走到那讨钱人的面前,像先前一样,向碗里投入几枚硬币。讨钱人也像刚才一样,向女孩点头示谢。

那天白天气温有点高。虽是春天,可阳光照得人全身发烫。到了晚上,从太湖方向吹来的风,给人一种舒适的感觉。我坐在那个木椅子上,独自享受着无锡的夜色清凉。天色尚早,马路上的行人来来往往。就在我准备起身离开时,那个熟悉的女孩来到我的面前,她拿出一张10元钱,问我有没有硬币。我从携带的小包里找出零钱,她拿着硬币又走到讨钱人面前,投了三个硬币到碗里。我觉得有点蹊跷,看包里还有几枚硬币,也走到讨钱人面前,投了几枚在他的碗里。可能是女孩听到了投硬币的声音,她回头看了看我,脸上有一缕浅浅的笑。那笑,在夜色里有点模糊,但那一刻我看得十分清晰。我紧走几步,与女孩搭上了话。我们找了一个椅子坐下来,她的目光能看到那位讨钱人的身影。女孩说,刚才那讨钱人是她的父亲。或许她在说这话之前,已意识到我听此言会表现出惊讶的样子来。所以,她仍保持一种常态的语气说了一段关于她的经历。

她是江西万载人。母亲在生她的时候,因难产差点丢了性命。父亲和母亲感情深,从没拌过嘴,在乡邻的口碑里,她的父母就是模范夫妻。她是独生女,学习勤奋,一家三口人知冷知热。谁能料到,在她高三那年的秋天母亲突发疾病离世,父亲含悲忍痛,也差点没活过来。从那时起,父女俩相依为命。为了能让父亲心里高兴点,她暂时放下对母亲的悲思切痛,日夜啃读书本,最终以优异的成绩考上了苏州大学。

为了供她读大学,父亲在老家农忙之余到处打零工。为了让她在学校能吃得好一点,父亲在老家一个月连一顿肉都舍不得吃。这件事,还是她的一位远房叔叔在与父亲说话时了解到的。从那时起,她对自己说,等大学毕业找到工作后,就把父亲接到身边生活,让他不再受苦,也过一过城里人的生活。

她毕业后在无锡一家房产公司谋到了工作。当她安置好自己的住处后,第一件事就是赶回老家,将父亲接到了无锡。父亲来到无锡的那天晚上,她请父亲到饭店吃饭,还特意给父亲点了一瓶酒。父亲喝了几杯之后,脸上微微泛出红晕,她笑着问父亲:"来城里生活开心不?"父亲放下酒杯说:"要是你妈在的话,就好了……"父亲说完端起酒杯将酒干了,泪水却出来了。她说,父亲从那天起,不再面朝黄土背朝天,像城里的那些父亲一样过着悠闲的生活。说到这里,女孩不知怎么哽咽起来了……她缓了缓神,深呼吸了一下,接着说。谁能想到呢,父亲在去年竟患了老年痴呆症。在家里,他能认识我,在外面,他就不认识我了。

过了一会儿,我问她:"那你父亲为什么会在这里讨钱呢?"她说:"他想赚钱,给我买南酸枣糕吃。"我问:"你每天晚上都来这里接他回家吗?"她说:"不然,他找不着家的。"我问:"你为什么去给他钱呢?而且非得是硬币呢?"她说:"其实,他在这里也没人给他钱的。我怕他失望,再导致情绪不稳。投硬币是让他听到有人给他钱了,有感觉的那种。"我问:"他怎么还记得你喜欢吃南酸枣糕呢?"她也感到不可思议,说都病成这样了,还记得他的女儿爱吃南酸枣糕……

  女孩领着她的父亲回家了。晚春的夜风吹拂着他们的背影。想到这位父亲,因生活的遭遇清除了记忆里很多的人和事,唯独保留着女儿爱吃南酸枣糕。人间世,有无量无数的劫,时过境迁,物是人非,唯独爱,任何时候都存有它的记忆。

那晚,夜色如此温馨

一个周末的晚上,我与朋友相约中山公园附近聊点事。晚饭后,在回去的路上,不承想朋友的右脚鞋底板脱胶,仅有脚前掌处粘着,勉强地拖着鞋子走路。朋友走一会儿站一会儿,生怕鞋底完全脱落下来。朋友说,这双鞋好久没有穿了,没想到会脱胶。朋友说话时的表情,我能感觉到那份难言的尴尬和担心。这情景,被路过的一对老夫妻看到,他们自言自语道,这可麻烦了。天色已晚,也没地方修鞋呀。就是想买一双,也得有鞋店啊。

走到一个十字路口等绿灯时,先前的那对老夫妻正站在我们的前面。只见阿婆从老先生的袋子里取出一个塑料袋,并将塑料袋撕成条状,打结连成一条绳,朋友对我轻声说:"不会是送给我的吧?"朋友话音刚落,那位阿婆果然转身,将那条塑料绳送给我的朋友,说用这个把鞋子扎住吧,兴许还能坚持走一段路。朋友连连向阿婆道谢,赶紧将塑料绳系好。

过了路口,我和朋友道别。看朋友小心翼翼远去的背影,我忽然想起几年前,也就在这条路对面的地方,我去崇明办事顺便买了两块崇明大糕送给一位老领导。由于塑料袋负荷过重,撕开了一条大口子,大糕重重地落在了地上。就在我不知所措时,一个塑料袋出现在我的眼前。一位中年大姐对我说,救救急吧。我一时诧异地接过她送来的塑料袋,还没来得及向她说声感谢,她就消失在了人流中。这件事,我一直心存至今,心里的那份感谢始终没有得到表达。想到刚刚这对老夫妻对朋友伸出的援手，说不清当时出于怎样的心情，我就向那对老夫妻跑去。他们还关心着我朋友鞋子的事。我们一路聊了起来。原来，他们都曾是军人，让我更没想到的是，他们还去过朝鲜战场。看着眼前的两位老人，他们的头发虽已花白，但根本看不出来有90岁的样子啊。看着我疑惑的眼神，阿婆笑着对我说，他们当年去朝鲜战场时只有15岁，老先生在炮连做通讯员，她在卫生队做护士。怪不得呢。我说我也当过兵。当阿婆听我说起十多年前一直在《新民晚报》夜光杯栏目写些军人和革命烈士的文章时，她像想起什么似的，说当年她在夜光杯上看过一篇叫"金达莱"的文章，她一直还记着。她说，文章中的那个护士和她在同一个野战医疗队，很多年没有联系了，只听说她在北京。一听这话，惊讶得我张大了嘴巴，天下还真有这样的巧事？本想跟眼前这两位老战士说，那篇文章叫《硝烟散后的金达莱》（我回家查了报纸剪贴本，这篇文章发表在2003年12月30日夜光杯栏目），我就是那篇文章的作者。可转而一想，有点自吹自擂的感觉。毕竟我们是初次谋面，大家都不熟悉。再说，美好之所以美好，是心灵里珍藏的那份对生活和生命感怀的淡淡的回忆。若打破了，美好就会失去了。

　　我把话题转了过来。我问阿婆她是做什么工作的，她说，退休后闲不住在居委会里帮忙，遇到邻居发生什么矛盾，她就去调解调解。老先生对我笑着说，她是人民调解员呢。阿婆跟我说，邻里之间的矛盾，说大也大，说小也小，如果小事没处理好，说不定就能演变成大事。她还告诉我原来她们的小区里有一对邻居，就因为门前放垃圾没能及时清理，隔壁人不高兴说了两句过头话，你一言我一语的，结果搞得还差点动起手来。阿婆说，他们本来处得很好的，就因为左边的邻居失业后心情不好，右边的邻居不知情，结果心情不对接，就闹起了矛盾。老先生接过话说，后来呀，在我们这位人民调解员的调解下,那位右边的邻居帮助左边的邻居找了一份工作,他们现在比以前更好了呢。阿婆说,人心都是肉长的,人情都是需要互补的,谁遇到困难不需要援助之手啊?你能解人一时之忧,你自己心里也会收获温暖和阳光。相反,一心想看别人笑话的人,看人笑话的同时,自己的心里已生出一种恶来,这样的人,心里是阴暗的,要远离这种人。说得多好啊,我向她老人家投去一丝敬意。

我们一路聊着,老先生拄着拐杖,走得有点慢。他讲到当下的社会风气,说到战争年代的战友之情,还讲到人性深处的光芒需要被点燃。我静静地聆听着两位老人的心情,还有他们的所思所想。走到一个十字路口,我们彼此告别。本想与老人加个微信,然后将那篇《硝烟散后的金达莱》的文章发给他们,可两位老人说,他们不用智能手机的,只想有一份安静的心,清净地生活在属于自己的那份恬静的世界里。

时令初秋,夜色微凉。想到朋友的那双脱胶的鞋子,就像很多人的生活一样,表面上看似乎还很靓丽,没什么问题,实际危机早已存在。看着那对身影远去的老人,想到他们乐善好施,清净生活,我的心里有一股暖流淌过……

13 床

1996年6月中旬,我因胃病住进了桂林181医院。普通病房没床位,好在教导员认识住院部的领导,把我安排到一个两人间的干部病房。教导员临走前对我说,安心住几天吧,学员队的事,找个班长代替值班就行。那时,我是学员队见习连连长。

我住在靠门边的12床,临近窗户的是13床。我刚把洗漱用品放好,只见13床蜷缩着身体,那床薄薄的被子被他揉成一团抱在怀里。虽说天花板上的吊扇在不停地转动,可我依然感觉很热,13床为什么抱着被子呢?这时,走廊上路过的一名护士见状,进来一看,说了句"天啦,他又痛了",就跑了出去。不一会儿,那位护士急匆匆地进来给13床打了一针。13床安静了,身体慢慢地放松开来。这时,我才看清13床的面孔,清瘦且枯黄,脸上的汗还在流。他木然地看了我一眼,深深地吸了一口气,向我浅浅地笑了笑,算是打了招呼。

到了晚饭时分,工作人员送来了预订的饭菜。我是下午刚住进来的,所以没赶上订饭,准备出去买点吃的。13床仿佛知道我要出去似的,用细弱的声音对我说,他今晚无法吃饭,也别浪费了。他示意我吃他的饭。我一时间感到为难,毕竟我们还不熟悉呢,总觉得吃他的饭有点过意不去。他可能意识到我的难为情,缓了口气说,你客气啥,这又不花钱。这倒也是的,当兵的伙食费是随时可以接转划拨的。晚饭后,我问13床,需要我做什么就跟我说。他点点头。就这样,我们算是认识了。

第二天上午,13床精神明显好多了,我们聊了起来。他原来是个中尉,因胃部感染胃被切除了一大半,住院已快一年了。我问起他昨天下午胃痛时为什么一声不吭呢?他说,人只有在疼痛时才能感觉生命的存在,疼痛是自己的事情,如果大呼小叫的,别人会认为你犯贱呢。他还笑着说,可不能做祥林嫂那样的人啊。后来,我从护士嘴里听说,13床自从住院以来,从不麻烦医生和护士。人就是这样,当你不轻易麻烦别人时,别人反而会在意你的状态。所以,每次护士看到13床蜷缩在床上时,就知道他的胃痛得很厉害了。

那天半夜里,我被胃痛得醒来了。想到13床,我就咬着牙,像他一样蜷缩着身体,不想惊动值班的护士。我正痛得受不了时,13床拉亮了电灯,随即大喊一声:"护士快来!"我被他的吼声吓得胃都忘了痛。半夜三更的,大家都进入了梦乡,这突如其来的叫声,真像一声闷雷一样。护士跑了过来,一看是我胃痛,对13床说,我还想呢,你也从没因为胃痛叫过啊。事后,那位护士对我说,这是13床住院一年以来第一次呼叫她们。

一个星期后,我出院了。临别前,我对13床说:"下个星期天,我来看你。"回到学员队,我赶紧补课,再过两个星期就要考试了。这一阵忙乎,我忘记了13床。考完试的那个星期天,我请假去181医院。我买了一盒麦乳精、一袋麦片,还有水果,去看望13床了。我熟门熟路地来到了住院部某病区,径直推门而入,令我诧异的是13床换人了。我来到护士服务台,找到那位熟悉的护士,问询13床的情况。那位护士叹了口气跟我说,他因胃癌已在一个星期前去世了……

走在回学院的路上,阳光火辣辣地照在头顶上,我的心却凉凉的。想到13床,他从不为自己的事去麻烦别人,而为了我却不顾一切地使出了全身的力气。他用自己做人的品格,给我传递了一种布施助人的精神。

今天,我想起了母亲

当年,我的部队驻在上海奉贤新海小镇附近。

1993年1月20日,是我第一次探亲的日子。那天一大早,我从部队步行半小时到新海小镇,再乘坐南靶线公交车到南桥镇,再转车到上海市长途汽车站,下车已是中午时分了。

临近春节,开往淮阴市的车票早已售完。这可怎么办啊?就在我一筹莫展时,幸遇热心的调度站站长,他建议我先坐车到扬州,再转车去淮阴。他还特地跟扬州班车的驾驶员说,这个解放军是去淮阴的,到扬州前的"那个路口"把我放下来,路上可以拦到开往淮阴的车。就这样,我在下午4点离开了上海。别说,我到扬州下车不久,就上了淮阴的车。这天时节大寒,恰逢江北正落鹅毛大雪。从早晨出发,一路倒腾到淮阴汽车站时,已是凌晨1点。

离得越远,行程越慢,思乡越切。皑皑的白雪,覆盖着淮阴城的房顶和道路,路灯静静地洒下昏暗的光。是时,整个淮阴城沉浸在飞舞的雪花中。看着眼前熟悉的城市,我浑然不觉冰冻的寒冷。脚踏久违的淮阴土地,我的心情异常兴奋和激动,恨不得一下子飞到母亲的身边去。可母亲住在离县城50里地外的农村,又是凌晨,我只能苦熬到天明了。那夜,我在汽车站对面的小旅馆里,静听窗外落雪的声音……

第二天一早,我去了住在城里的二叔家。二婶说什么都要留我吃好午饭再回家。午饭后,二婶拿了两盒罐头放在我的包里,说回家过年妈妈也会高兴的。我知道,母亲的生活很清苦,弟弟还小,我又在部队,家里的生活全靠庄稼的微薄收存。父亲在我当兵前就去世了,母亲彼时起开始寡言少语,又不识多少字,只知常年低头做农田里的活。

自我当兵后,母亲想念我时,就让大姐夫给我写信。按部队规定当兵第三年才能探亲,我当兵第二年被提拔为公务班班长,领导照顾我,就特批让我回家过年了。临时的决定,写信也来不及,农村又没电话。那个黄昏,当我出现在母亲面前时,她那欢喜的笑容里有意外,也有泪水……

后来,我从部队转业留在了上海。母亲一直在农村,她说习惯一个人的生活,只要有我每月给她的生活费就行。母亲乐意,我也安心。

生活一如花开叶落,在我们每个人的日常里一天天地度过。

一向身体硬朗的母亲,不承想在她77岁那年的秋天,因脑梗在家里摔倒导致失去意识,两个月后就去世了。母亲过70岁生日时,只是五个子女四代同堂全家人吃了一顿饭。我本想母亲过80岁大寿时热热闹闹地给她庆祝一下,谁能料到,她却没等到那一天。

母亲已走了两年。每次想到母亲,想到她吃过的苦,想到她没能走进耄耋之年就离开了世间,我的眼角总有泪滴。我明白,那是我没能尽孝的自责。少年时曾因母亲的管教而气愤地躲进村后的玉米地里不吃午饭,成家后还为母亲的唠叨而不耐烦,如今,那些关于母亲给我的不好情绪,都只能在孤独的回忆里苦涩地回味了。

我们每个人在这个世界里,能感受真情,体验苦难,回味遗憾,这经历本身就是一种美好。生活,只有深刻地体验和感知,才有它的意义和价值。

如今,上海到淮安已开通高铁,行程只需三个小时。想到当年第一次探亲，路上过两次江，多次换车又等车，中途半夜还停下来急慌忙地吃一口饭，从奉贤到淮阴整整走了18个小时。按理说，得到开通高铁的消息我应该无比欢喜，可我却怎么也开心不起来。父母已不在，兄弟姐妹各自成家，那种千里迢迢奔家望母的心情再也没有了。

　　昨天是感恩节，今天，母亲于我而言，是"母难日"。回望一路走来的经历，我要感谢母亲，是她用"生命的本怀"让我在人世间收获了暖心和真情。

战友的承诺

有一年敬老节前夕,我在上海大剧院观看了"情系夕阳,关爱老人"敬老节慰问专场演出。其中《永远的妈妈》这个节目一下子把我深深地吸引住了。它讲的是一位老兵对战友的承诺,故事是真实的。这个故事从五十年前开始,一直延续至今,极其感人。

这天晚上,我来到川沙县城南路,走进这位老兵的家。

老兵叫顾祖恩,他的战友叫顾森源。当年他们俩同住在川沙县顾路区新华村,顾祖恩是县人武部干部,顾森源是乡里的民兵。1953年1月,他们一块穿上军装,从上海出发,随部队开赴朝鲜战场。"一定要照顾好他。"自小与奶奶相依为命的顾祖恩,一路上这样想着,虽然他比顾森源还小3岁。

部队目的地是朝鲜的常德里。火车驶进朝鲜后,在阳德停了下来。阳德与常德里相距500多公里,这段路是敌人的封锁区。白天,美军飞机气焰嚣张,对我前进部队造成很大威胁。时间不等人,部队只能夜行军。当地的气温是零下三四十摄氏度,手碰上冰冷的枪管都会撕下一块皮。顾祖恩和顾森源背着背包同战友们奔跑在崎岖不平的夜间山路上……

十天后,部队赶到了常德里。顾祖恩分配在志愿军第24军72师榴炮团,顾森源进了该师214团3营步兵连。有一天,顾祖恩找到了顾森源,对他说:"森源,我们就要上前沿阵地了,这几天我常看到从阵地上抬下来牺牲的战友。我家里只有奶奶一人,万一我牺牲了,奶奶就靠你了。"顾森源对顾祖恩说:"祖恩,我们谁都不知道上了阵地结果会怎样,如果我光荣了,我的父母亲和一个妹妹那就拜托你了。"两人的真诚之情,在双手紧握的瞬间变成了永恒。

顾祖恩上了上甘岭的主峰——五圣山,顾森源的阵地在上甘岭597.9高地。自各就各位起,他俩就失去了联系。

到了6月,金城反击战打响了。这是一场对全局至关重要的战役,从一开始就打得很惨烈。我志愿军英勇善战,终于取得了胜利。寒风凛冽,硝烟还弥漫着整个天空,顾祖恩从阵地上一下来,就立即奔到214团3营打听顾森源的消息。让顾祖恩不敢相信的是,在顾森源所在连队只剩下的三个伤员中,没有顾森源……

一个月后,所有牺牲在上甘岭的志愿军全部葬在了下甘岭。要离开朝鲜了,顾祖恩久久地望着下甘岭,情不自禁地流下伤心的泪水。他的同乡战友顾森源永远长眠在下甘岭这块土地上,他俩永远在此作别了!

1956年春,顾祖恩回到了家乡川沙,分配在县委机关工作。从那天起,他就走进了战友顾森源烈士的家,担起了儿子的责任。

翌年秋天,顾森源的爸爸去世了,顾祖恩便把顾森源的妈妈从新华村接过来,住在县委机关大院的宿舍里。顾森源的妈妈生病住了三次医院,做了两次大手术,顾祖恩始终不离病床,帮她洗脸擦脚、翻身盖被。同住一个病房里的人很是羡慕,说有这样的儿子真是做母亲的福分。床前尽孝,为的就是当年对战友的承诺啊!

1996年6月,顾祖恩退休了。年龄大了,心脏也不太好,对顾森源妈妈的照顾显得有点力不从心了。知儿莫若母,这位妈妈执意住进了浦东新区社会福利院。自那以后,顾祖恩常常到福利院去看望这位老妈妈,生怕她有什么不习惯。每逢中秋或春节,就把老妈妈接回来一起过,让老人家始终感受到家庭的温暖。

说到这,顾祖恩老人从屋里拿出顾森源烈士的照片。他跟我解释,说这是顾森源烈士参军前拍的照片,穿上军装到部队后,还没来得及拍呢。看着当年年仅23岁的顾森源烈士的遗照,想到他妈妈这么多年来得到的照顾,我心头有种说不出的滋味。

一诺千金啊!五十年过去了,已68岁的顾祖恩老人,依然如初地照顾着这位91岁的老妈妈。

(这是2004年12月的采访稿件,当年顾祖恩68岁。十六年过去了,顾祖恩老人今年应该84岁了。今年是中国人民志愿军抗美援朝出国作战70周年,谨以此文致敬那些可爱的人!)

那束夜色中的康乃馨

假日得闲,在家里整理书籍,见到婧怡小同学在十年前写来的一封信。印象中,当年她上小学五年级。那时,我在上海民政博物馆筹建办上班,信是寄到筹建办的。我打开这封信,里面有婧怡写给我的一封简短的信,还附有两篇她写的作文,一篇是《成长的故事》,一篇是《一束康乃馨》。她在信中说,她一定好好学习,争取考一个好的中学。还说文章如有不足之处,请我帮她修改一下。我不知道当时有没有给她回信,记忆里好像当时我工作很忙。想到此,又不觉有点自责起来。

我开始认真地读起婧怡的作文来。作文的题目叫《一束康乃馨》:

过母亲节时,同学们都为妈妈准备了精美的小礼物,小江想送妈妈一束康乃馨。他摸着空空的口袋,犹豫地徘徊在花店门口……

花店的老板是一位三四十岁的中年妇女,每次顾客来买花,她总是笑容可掬,非常朴实。她看见了小江,便问道:"孩子,你在这儿已经有一会儿了,到底怎么了?"小江说:"我想送母亲一束康乃馨,可是我没钱。"说完眼睛里流出了泪水。老板娘说:"这样吧,不如你帮我把这几个箱子搬到那儿吧。"小江明白了老板娘的意思,突然破涕为笑,他满口答应了老板娘。事实上,那箱子搬到哪都一样,只不过,老板娘想让小江通过劳动来获得这束康乃馨。

小江费了九牛二虎之力才搬起箱子,箱子摇摇晃晃,好像快要倒下来了。不一会儿,小江就气喘吁吁了。可是,小江为了送妈妈礼物,就又使出劲来搬箱子……

终于,箱子搬完了。小江早已满头大汗。老板娘看到小江完成了任务,就挑了一束最香、最漂亮的康乃馨,递到小江的手里,并语重心长地说:"孩子,你用你的真诚打动了我,把这束花送给你妈妈,她一定会很喜欢的,快回家吧孩子,天快黑了。"小江高兴地接过康乃馨,他谢过老板娘,再看看手中的康乃馨,转身奔跑在充满馨香的夜色中……

作文并不长,我能读出婧怡写这篇作文的用意和感受。也就在我收到这封信之前的三个月里,我曾去浦东新区某干休所采访军休干部"助困雏鹰小队"的事迹。那天上午,婧怡的妈妈作为雏鹰小队成员的家长代表参加了座谈会。当我得知婧怡的家境,并在她妈妈同意我上门作深入采访后,一天下午我去了婧怡的家。婧怡的爸爸原在江南造船厂开塔吊行车,由于病重长期在家休养。婧怡的妈妈是"外来妹",没有稳定的工作,打些零工,收入不高。婧怡乖巧懂事,热爱学习。在居委帮助下,她成为干休所雏鹰小队的成员。从那时起,她得到了助学金,还时常到干休所参加军休干部的各种活动。我从《一束康乃馨》这篇作文中,读到了婧怡心灵深处的那颗疼爱妈妈的心和立志要通过自己的勤奋来改变生活的态度。

一年夏天,在我回淮安之前的那个下午,为给女儿买点糖果,特意乘地铁二号线去静安寺站的久光商厦。买好糖果,在我穿过一个茶叶铺位准备离开商厦时,只听身后有人叫我。回头一看,原来是婧怡的妈妈。她说,她在茶叶铺工作。我们简单地聊了一会儿。没想到,她突然告诉我说她得了癌症。我心头一怔,一时不知说什么好。我无法安慰她,只觉得心头有点堵。为转移话题,我问婧怡的学习情况,并告诉她可以将婧怡的作文寄给我,我帮她看看。在我离开之前,她拿了一小盒茶叶给我,说什么都不收钱。那一刻,我感觉到自己的表情很不自在。想到她们的家境,顿时有种想逃离的心情,于是我匆匆忙忙地离开了那里。

　　望着窗外的天空,想到婧怡,她应该大学毕业了吧。生活给了婧怡一段艰难的经历,同样也给了她未来的一片湛蓝。我想,雏鹰已长大,应该飞上蓝天了。

她的心灵比花还美

2017年夏,我去上海市嘉定区漠河路采访志愿军老战士刘洪化。他说,当年自己在朝鲜战场上是师部作战参谋,没什么精彩的故事,还是请他的老伴周瑛给我讲讲她护理志愿军重伤员的经历。就这样,那天下午我沉浸在当年只有15岁的周瑛的故事里。

1950年冬天,志愿军出国作战不久,就有一批重伤员从朝鲜送回国内进行手术治疗。周瑛所在的苏州军分区医疗队,担负着接受志愿军重伤员的手术治疗和护理任务。那年,她才15岁,从军分区卫校毕业后分配在医疗队当卫生员。在医疗队两年多,她参加了抢救护理志愿军重伤员的工作。

1951年早春的一天下午,残阳西照,寒风凛冽,是该给重伤员送稀饭的时间了。18岁的新兵小陈,被美军飞机炸残,双目失明,满面伤痕。出师未捷身先残,他性格也暴躁起来。因小陈总是无端地发脾气,周瑛的同事们都怕他。周瑛约上一位好友一起给小陈送饭,心想天冷,让他吃热乎点,兴许他的心情会好些。于是,周瑛就从大锅里盛了一大碗热稀饭,双手端给小陈。谁知,小陈接过碗刚喝了一口,就吼叫起来:"你要烫死我呀!"说着,就把一大碗热稀饭往周瑛扔了过来,周瑛和她好友的头发上、衣服上都是稀饭,想到小陈这么年轻就为国身残,她们也就毫无怨言了。周瑛赶紧对小陈说:"对不起啊,同志,是我疏忽了,下次我一定改。"说完,周瑛又盛了一碗不烫的稀饭给小陈送去。也许是她温和的态度感染了小陈,他也很快向周瑛道歉。就这样,大家"冰释前嫌",都笑了起来。

小陈爱吹口琴,周瑛爱唱歌,他们成了好朋友。不久,小陈被转送到康复医院。分别时,他紧握周瑛的手不放,眼泪都流下来了,他们都有些不舍……

那时药品短缺,发高烧只有磺胺可用,再无其他消炎药。1951年冬,小李在朝鲜战场冻伤双腿,送到医疗队截肢。小李高烧40摄氏度,昏迷不醒,但没有任何抗生素可用,急得周瑛和战友们束手无策,只能日夜陪护在他身旁。那天本已无比劳累的周瑛,晚上又轮着值夜班特护。当时已是下半夜两点多钟,小李呼吸困难,在半昏迷中还叫周瑛的名字,流着眼泪对周瑛说:"我舍不得你们啊!"他紧紧握着周瑛的手,周瑛一边抚摸着小李的头,一边安慰他。小李情绪稍微平静时,周瑛才打了一个盹。等周瑛醒来时,才发现小李的手冰凉发硬,周瑛用力抽也抽不出自己的手。周瑛意识到小李已经去世了,伤心地痛哭起来。在医生的帮助下,周瑛才把小李的手掰开。周瑛给小李做了告别护理,洗脸、擦身、穿军装,同志们一起帮着他入殓。那时,伤员临终没有家人在旁,医务人员就作为他们唯一的亲人,向他们做最后的送别。

1952年春天,周瑛认识了小许。他只有19岁,从郊区农村参加了志愿军,在前线双手被炸断。小许在医疗队恢复得不错,也很坚强,不要周瑛她们喂饭,只让护士们把勺子柄插入他的手臂尺桡骨间,自己吃饭。一直乐观的小许,有一天中午突然不愿吃饭,满脸愁容,急得都快哭了。周瑛急忙问他什么事,他才说家乡的未婚妻来看望他,一看他成这样子,当时表示要"吹灯"(解除婚约),马上就走人了。周瑛急忙去招待所找到小许的女友,一再劝说:"志愿军是最可爱的人,他是战斗英雄,是抱炸药包炸掉双手的,你做战斗英雄的爱人是多么光荣啊!你这样一走,他多伤心呀!"姑娘经周瑛再三劝说,终于回心转意了,然后随周瑛一起去病房照料了小许好几天。

不久,小许也转康复院了。临行时他的未婚妻一道来送行,一再向周瑛道谢,说:"周大姐啊,是你教育了我,谢谢你了!"说到这里,周瑛对我说:"其实,那时我才16岁,年龄比她还小呢,哪是什么大姐啊!"

这时,周瑛的老伴刘洪化补充说道,1949年苏州刚解放时,部队文工团在苏州招兵,周瑛就是凭着唱一首《解放区的天是明朗的天》被录取了。周瑛说,那年7月份,文工团要随十兵团南下福建,她的父亲担心她年龄太小,又在感冒,不让她去南方。就这样,周瑛没能参加文工团。1950年她终于又穿上了军装,虽然错过了文工团的机会她常感到遗憾,但当她感受到亲如兄弟姐妹的志愿军伤员们对她的爱戴,特别是很多重伤员在高烧难受和想家时都嚷着"要周瑛唱歌"时,她就感到由衷的欣慰,因为她的歌声能缓解他们的伤痛。

幸福的兄弟俩

2010年的夏天,我去宝山区友谊路采访两位残疾的孤儿。他们已过知天命之年,住在一个公寓里。这公寓,是市民政公司给下属一配件厂盖的职工宿舍。这个配件厂里的职工,他们的童年是在儿童福利院里度过的。他们长大后,学习好的,考上大学走上社会工作。学习不好的,就分配到这里来工作。到了婚配年龄,结婚的就享受政府福利分房;没结婚的,就分配两个人一套的公寓,政府始终关心着他们的生活。老陈和老孙没有成家。我采访他俩时,就在他们的那个两室一厅的公寓里。

老陈是个盲人,他说他在8岁时的一天夜里,被母亲送到上海普陀区某个厂房的门前。他还依稀记得自己的家在苏州解放路上的一个里弄里,也曾试图联系过家人,可终是没有结果。他是个性情细腻的人,知道自己是个看不见这个世界的人,也从没看过父母长的是什么样子,既然找不到父母,那就把自己活出个样子来吧。他天生嗓音好,也爱唱歌,还喜欢写诗歌。他说自己曾谈过一个女朋友,是他的同事,她也是个盲人。他们也约会,是在下班之后,有很多次,她来到他的公寓里,听他朗诵为她写的诗歌。而每次在这个公寓里举行特殊的诗歌朗诵会时,老孙都会主动留在外面玩一会儿。老陈慢慢地了解了她,她也深深地爱上了老陈。老陈经常为她创作诗歌,她为老陈织了件毛线衣。就在他们准备那年国庆节结婚时,在一个初秋的傍晚,她在过一座桥时,被后面驶来的大货车撞了,没能抢救过来。

说到这里，老陈的眼眶湿润起来……我给老陈递上一支烟，并为他点上，他猛吸了口烟，对我说，想起那件事总有点伤感，情不自禁呢。他用面巾纸擦了擦眼泪对我说，你还是听听老孙的故事吧。

老孙讲话语速有点快，再加上地方口音很重，有些话我听不太懂。老陈对我说，老孙就是宝山人，罗店话太农村了，起初有的话他也听不懂呢。我问老孙，你怎么知道自己是宝山人呢？老孙说，他家里人来找过他。他说，现在自己有工作，也有房子住，再说他和同学、同事都在一起几十年了，就不想回去了。老孙接着跟我说，他从记事起就知道自己是个患小儿麻痹症的人，两条腿无法站立。他和老陈在儿童福利院时就是搭档——老陈是他的双腿，他是老陈的双眼。他生怕我一时没听明白，大声笑着比画说，每次他们外出，都是老陈背着他走路的。我问，你们这样做是从何时开始的呢？老孙说，在儿童福利院就开始了。我又问，你们这样相互帮助，有没有被人取笑过呢？老孙说，经常被人取笑的。他们俩起初还有点难为情，后来也就习惯了。老孙说，有一次他们去商场买东西，看到有人在路边玩杂技，他对老陈说想去看看，老陈就背着他过去了。由于人多，趴在老陈身后的老孙看不见，老陈就将他骑在自己的脖子上。结果，被周围看热闹的人取笑了，说一个瞎子扛着一个瘸子，他们也像耍杂技呢。那时，他们二十几岁，老孙一听，脸就红到了脖子。虽说老陈看不见，可一听这话，顿时也感到脸上火辣辣的，他们赶紧逃离了那里。老陈又是猛吸了一口烟，接过老孙的话说，生活中有好多人，他们从不顾及别人的感受，自以为是，只图自己一时取乐，拿自己的无知来践踏别人的尊严。

当我问现在老陈还能背得动老孙吗？老孙哈哈大笑起来，连连摆手说，他早就买了辆残疾车。现在好了，只要老陈想出去，老孙就以车代步，让老陈也感受一下被服务的滋味。老孙嗓门大，说话时表情动作都十分丰富,有时激动起来还有点夸张。而老陈倒是很文静,就连吸烟时的样子也是文静的。

　　我坐在那间公寓里,听他们俩说着过去的事,心里不时地被温暖着。他们是相依为命的兄弟,几十年一路走来,风雨同舟。过去,他们的眼睛和双腿,是属于两个人共有的。如今,老孙说,为感激几十年来老陈背着他的辛苦,他将用自己的残疾车为老陈助行到生命的最后。

老红军石传礼讲的一个故事

2004年1月17日,星期六,我去上海市唐山路采访老红军石传礼,他是毛泽东主席在延安时期的警卫员。1月23日,新年初二。那天下午,我接到石传礼打来的电话,他说在《新民晚报》的夜光杯栏目看到我写的那篇《在杨家岭过年》的文章。他说他很信任我,希望我再去他家里一趟,说还有一些值得写的故事。

第二天下午,我再次造访石传礼老前辈。在那间并不宽敞但温暖的客厅里,石老给我讲了一个他们团里的故事。

1950年冬,在朝鲜战场上,一场恶战下来,3营3连连长没回来。班长韦大强拿着连长牺牲前留下的纸条,喉结发烫。在清理连长的遗物中,韦大强发现一张照片,照片的背后写着"永远的妈妈"五个字。那是连长的笔迹,韦大强认得。

三年后,韦大强所在部队回到了国内。有一天,他向指导员说出连长牺牲前给自己的嘱托,要去东北接连长的妈妈,为老人家养老送终。指导员说,连长的老家明明在河北,档案里写着呢,怎么会在东北?韦大强拿出连长留下的纸条,说,这个地址明明就是东北嘛。

照着连长档案里的家庭地址,韦大强在河北找到了连长老家的生产队。让韦大强没想到的是,连长是孤儿,他的妈妈早在多年前就去世了。生产队会计突然想起了什么似的,对韦大强说:"你们连长以前写信委托过我,说他入朝参战后不知道能不能活着回来,如果回不来的话,请我用他的抚恤金每个月给一个叫陈大娘的寄过去。信中还说,陈大娘是他刚当兵时团长的爱人,团长在一场歼灭战中牺牲了。自那时起,连长就不定期地以团长的名义给团长的爱人寄生活费。"韦大强赶紧拿出纸条说,那你看看是不是这个地址啊?会计一看,连声说,对对对,就是这个地址。

于是,韦大强又去了东北,经过几番周折终于找到了陈大娘。

陈大娘过着清苦的日子,唯一让她得以精神寄托的就是家里的一张三口全家照,孩子当年6岁。每次看到儿子的照片,她就会想起1938年日本鬼子进村放的那场大火。有个邻居说,看到她的儿子被鬼子带走了。陈大娘时常埋怨自己,说那天要是带着儿子下地干活就好了,怎么就把儿子一个人放在家里呢?平常鬼子来的时候,离得很远就能听到枪声的,那天怎么就没有听到一声枪响呢?都怪我,要是少割几把麦,少拣几根穗,也不至于会把儿子让鬼子给带走了啊。每次自责起来,陈大娘就会泪流满面。

儿子不在了,但她一直记得儿子的左耳根有颗黄豆大的黑痣,右耳根有颗小米粒大的黑痣。陈大娘每年都会掐着手指算着,就在前些天,她还自言自语地说,如果儿子还活着的话,今年应该21岁了。

这天,陈大娘在门前晒太阳。看到生产队长带着一个解放军走到自己面前。陈大娘得知丈夫牺牲以及连长这些年来以团长的名义给她寄钱的消息后,魂一下子没了。从晌午到晚上,陈大娘一直呆呆地坐在门前,目光像落去的阳光一样失去了光泽,淹没在西边的田野里。她一会儿讲到团长,一会儿提到被鬼子带走的儿子……说一会儿淌一会儿眼泪,后来泪水也流干了。

晚上,韦大强躺在床上,久久没能睡着。他想到连长对老团长的承诺,想到连长生前对自己的嘱托。韦大强告诉自己,把陈大娘接回老家,当作自己的妈妈来照顾。第二天一早,韦大强起床后,发现陈大娘发着高烧,他背起陈大娘就往医院赶。半路上,陈大娘看到韦大强耳根上的痣,她以为自己的眼睛看花了,赶紧让韦大强停下来。阳光下,陈大娘看得十分清楚,韦大强的左耳根有颗黄豆大的黑痣,右耳根有颗小米粒大的黑痣。陈大娘用手连忙拍打着韦大强的肩膀,声音有些颤抖了起来:"快把我放下来!"韦大强不知出了什么事,就赶紧把陈大娘放下来。

冬日的阳光是暖人的。坐在路边草地上的陈大娘,问起了韦大强的身世。韦大强说,听他的养父说,他的老家也在东北。有一天,鬼子清乡扫荡,不但抢老百姓的粮食,还把好多村庄都点了火。他的养父逃难路过一个村庄时,听见一家被烧的房子里有小孩子的哭声,他就跑进去救了孩子。然后,跟着逃难的队伍到了四川。1945年鬼子投降后,养父本想把他送到东北来,可紧接着国内战争爆发了。他长大后,就当兵了。

陈大娘连忙问韦大强,你今年多大了?韦大强说,他21岁。陈大娘"哇"地一声号啕大哭起来……

说到这里,石传礼老前辈感叹:侵略者催生了人性的诡异和邪恶,而捍卫者却弥补了人性的正义和善良。战争毁了多少幸福的生活,我们需要和平和美好。

谢敏中心里的爱情花

有爱就开花,有情终相伴。这一天,我走进上海市宝山区第一干休所军休干部谢敏中的家,听她讲自己过去的那段绚丽而多彩的爱情故事。

在她 14 岁那年,甘肃武威刚刚解放,格桑花开的季节,谢敏中穿着崭新的绿军装,扎着两条大辫子,在小歌剧《红布条》里,扮演了一个思想进步的小媳妇。她生性颖慧,把小媳妇的角色演得惟妙惟肖。观众席中的文工团创作组的李沛泉,把这一切都看在眼里,开始对谢敏中有了好感,特别是她军帽下的那两条大辫子,像田里熟了的麦穗,久久萦绕在他的心里。

一晃五年。谢敏中从来不曾留意,有一双多情的眼睛在默默地注视着她。有一天去兰州"八一"剧院演出,下车时,李沛泉让谢敏中帮他拿着一本书,借口说办点事。谢敏中接过书,原来是柴科夫斯基的《我的音乐生活》。她发现书里夹着一张小纸条,上面有两行字:星期六下午请到我宿舍来,我们谈谈。谢敏中调皮地哼了一下,心想每天都在一起,还写什么纸条,去就去呗。

拥炉对坐,谢敏中静静地翻弄着李沛泉给她的日记簿。窗外的寒风不时地从门缝中吹进室内,可李沛泉额头上却在冒汗。谢敏中翻到其中一页,随口念了起来:姑娘啊,你为何长得那么漂亮,一双丹凤眼,长长的辫子,你在我心里呵,笑起来就像一朵美丽的格桑花。谢敏中问写的是谁啊?这么美!李沛泉看了一眼谢敏中,鼓起勇气嘿嘿地笑着说,写的就是你呀!谢敏中的脸一下子红了,连忙低下头去,心里暖暖的不说话……

自那以后,他俩开始悄悄约会。一个月后,谢敏中要奔赴西藏参加青藏公路通车典礼文艺演出。这是他们第一次分别,汽车启动的时候,谢敏中鼻子一阵酸,赶紧压低了帽檐。李沛泉则两眼定定地看着她,目光传递着千言万语。

"美丽的草原我的家,风吹绿草遍地花。彩蝶纷飞百鸟儿唱,一湾碧水映晚霞……"身处广阔的草原,心灵在自由地飞翔。在若木红兵站,谢敏中和战友演了一场《夫妻观灯》的黄梅戏。戏演到中途,突然刮来一阵狂风,幕布裹着她腾空而起。大家紧追十来米后才拽住了幕布,幸好她没受伤。从地上爬起来,拍拍身上的泥土,谢敏中咯咯咯地笑了起来。兵站的战友们都夸她是个好战士。西藏让她整整喝了三个月的半口氧,人瘦了一圈,可是,当她晚上躺在床上时,想到李沛泉,心里就会涌起甜甜的感觉。你现在好吗?你知道吗,高原上帐篷里的我,此时此刻,正在思念着你呢。正可谓"惟有枕前相思泪,背灯弹了依前满"。

思慕中春秋四度,这对有情人终于将两张单人床合到了一起。新房里没有一件嫁妆,只贴了一纸红红的双喜。新婚之夜,谢敏中对丈夫说,我们以后再也不分开了。

可是,婚后的第六天,文工团接到上级命令,甘南州的夏河、玛曲、舟曲等地区相继发生变乱,文工团全体人员下部队,男同志上前线打仗,女同志到野战医院做护理。他们又要分离了。依依惜别,李沛泉采来一枝红红的格桑花,两人相顾无言,他们都有相同的祈盼,来年格桑花开的季节再见……

记得,柏拉图曾经遵循苏格拉底旨意,千寻心仪"麦穗"终不得,从而领悟真爱难觅,而李沛泉和谢敏中却有幸相互找到了,并风雨同舟到今天。

　　听谢敏中老人回忆,我不时地被感动着。谁说往事如烟?在他们心中,经过枪林弹雨洗礼的爱情,就像高原上的格桑花,永远是那么绚烂……

三个孩子都叫她"周奶奶"

2005年7月27日,星期三。这天上午,我走进浦东新区上钢八村周文的家里。她用真诚和爱心先后帮助了三位即将面临失学的学生,这三位学生像春天的花蕾,在周奶奶爱的阳光沐浴下,一位从自由散漫的小学生变成了懂事的孩子,一位从学习后进生变成了"十佳自强少年",还有一位从大学生成为了人民警察。

周文很健谈,大概与她以前在部队政治处一直做群众工作有关。她头发花白,四方脸,微笑不时荡漾在脸上。

一

提到晓莉这孩子,周文摇了摇头说:"这孩子可怜,她的父亲是几进几出监狱的人,母亲不问家事,整日泡在麻将桌上。因长期缺少家庭正面教育,加之生活上又得不到保障,年幼的晓莉无心学习,变得自由散漫起来。晓莉的外祖母无奈之下,只好把小孙女接到了自己身边。"

1997年的一天,周文通过"结对"认识了晓莉。从此,在周文的生活里,多了一个小孙女。

周文说:"刚见到晓莉这孩子时,心里有种说不出的滋味。孩子小,正是长身体的时候,我每月为她订一份牛奶,经常买些鸡蛋或营养品之类的东西,乘车去看望她们祖孙俩。晓莉过生日了,我就给她买个蛋糕送去,想让她有家庭的幸福感。"从周文的话里,我知道她还与晓莉的班主任建立了联系,及时了解晓莉的学习情况。有一次,干休所老同志在共青森林公园参加植树活动,周文与晓莉共同种了一棵"希望树"。周文希望晓莉能像那棵小树一样,在阳光下茁壮成长;像树苗一样,经得起风吹雨打。

晓莉自走进周奶奶的生活里,像变了个人似的,学习成绩渐渐上去了,也开始懂事了。两年的悉心培养,终于有了回报。

二

浩鹏,是一位从江苏如皋来沪读书的小学四年级学生。他的父亲在一次事故中致残,双腿不能走路,母亲是当年上山下乡的知青,家境困窘。2002年,生活在上海的爷爷去世后,正读小学四年级的浩鹏转来上海读书,与年迈的奶奶相依为命,生活来源主要依靠政府救济和奶奶摆地摊得来的微薄收入。初到上海,因家庭困难和学习环境上的不适应,在老家学习成绩一直优秀的浩鹏,一下子感到了压力,尤其是英语课程跟不上。

周文了解到浩鹏的家庭背景和学习情况后,第一次见面时就送给他一本《青少年创新故事选》,勉励他勤奋学习,要像严济慈、钱学森和华罗庚等科学家一样,不畏艰难,勇于攀高峰。周文说:"为了便于联系,我在浩鹏家里装了部电话,话费每月由我来支付。有时,我会到书店里买些对他学习上有帮助的书,逢到建军节或春节,就把他带到干休所一起参加联欢会和吃年夜饭,让他感受到大家庭的温暖。"

在农村从未学过英语的浩鹏,通过刻苦钻研,在五年级升学考试中,语文、数学和英语三门课程取得了全优的好成绩。他写的一篇题为《那个星期六》的作文,经老师推荐,刊登在由南京大学出版的《新起点》作文引导丛书上。2002年,在参加上海市"青少年创新"征文活动中,他的作品获得了三等奖。2003年10月,他又被学校评为"十佳自强少年"。

周文高兴地对我说,浩鹏长大后要报考军校,立志当一名出色的军人呢。

三

讲起海燕,周文给我拿来了一叠厚厚的照片。看着海燕身着警服敬礼的照片,我感到自己的眼睛发热……去周文家之前,我采访过海燕。

海燕是一位安徽籍农村姑娘,从4岁起,她开始寄养在上海的一位亲戚家里。1999年9月,海燕的哥哥考上了安徽工业大学。翌年秋天,海燕考进了上海大学。海燕的父亲因生意受挫,欠下了累累债务,母亲是当年插队落户到安徽的知青,收入微薄。这样一个贫困家庭要供养两名大学生,显然力不从心。

海燕在读大二时,申请了助学贷款,也偶尔打点零工作为生活的补贴。后来在街道的帮助下,她填写了申请帮困表。当时,她并不抱什么希望。

几个月后的一天,她意外地接到了解放日报发来的通知。2001年8月19日,这个平常而又特殊的日子,永远烙在了海燕的记忆中。

海燕说,那天,当她坐在解放日报社多功能厅想象着即将见面的素不相识的好心人时,一位头发银白、面色红润、和蔼慈祥的老人出现在她的面前——她就是周文奶奶。握住那双温暖的手,海燕仿佛握住了能让她渡过河的双桨。不长的谈话中,她了解到周奶奶是一位军队退休干部。离开解放日报时,海燕得到周奶奶第一笔 2 000 元的捐款,还有一本写上赠言的《名人名言录》。捧着这份寄托了殷切希望的礼物,海燕的眼泪一下子盈满了眼眶……

在后来的日子里,周文常常打电话了解海燕的学习情况,海燕也利用休息日去看望周奶奶。接触多了,海燕了解到周奶奶在帮助自己的同时,还与上海市上南中学东校的浩鹏同学结对。有一次,海燕问周文:"周奶奶,您这样为我们操劳,您真是太累了。"周奶奶微笑着对她说:"我挑起的不是包袱,所以我不感到累。"

2003 年,是周文和海燕深感幸福的一年。海燕大学毕业后成为了一名人民警察。当海燕第一次穿着警服走进干休所时,干休所所长、工作人员和老同志们,情不自禁地鼓起了热烈的掌声,海燕以一个标准的敬礼,献给她所热爱的这个家。

周文的话语和她的人一样质朴,实实在在,没有半句豪言壮语,然而,我却从她身上看到了与新四军父母相承的血脉,看到了这位老人博大的爱心,看到了"在人民中间生根开花"的退伍军人的照人光彩。

最甜美的布施

在我们一般人的概念里,布施是指遇到生活贫困的人施以援手,遇到因事一筹莫展的人予以智慧,遇到精神上痛苦而心生烦恼的人给他们指明方向。总之,帮人渡过难关,是布施的宗旨。

我参军之前,曾在家乡县城医院工作过两年。那时,医院刚刚设立重症监护病房,为病人配置的吸氧、量血压等设备还不成熟。我在设备科工作,时常会去重症室检修。有一天,我在重症室见到一个十七八岁的小伙子,他因头部重伤而入住。从医生和护士对小伙子术后如何做好护理的话语中,我得知那个小伙子在工地上打工,是从六层楼不小心摔下来的。小伙子在重症室住了近一个月的样子,病情稍稳定,加之费用太贵,后转到普通病房。

一个月过后,我见到小伙子醒了过来。只是,他的表情呆滞,神态木然,对他父母亲整天陪护的辛苦没有丝毫的感知。我多次看到小伙子的父母愁眉泪眼,唉声叹气。病房里有位清洁工叫端木江秀的老阿姨,是位佛教徒,面容慈祥,平日里总能看到她的笑脸,还能听到她仿佛唱给自己听的那首不知名的歌曲。有好几回,我见到端木老人对躺在床上的小伙子一边笑着一边唱着:"你是个小雄鹰啊,我的孩子,你展翅掠过你家的屋顶,你飞翔蓝天去寻美丽的草原……你是个小雄鹰啊,我的孩子,你用弱小的肩膀挑起爸爸妈妈的重担……"老人的歌声很甜美,声音虽不大,却宛如一条清澈的小溪在病房里潺潺流淌。

那是一个夏日的傍晚,我去病房修血压计,路过小伙子病房时,又听到了端木老人的歌声。我想,这个老太太整天唱也不嫌累,都到下班时间了怎么还不回家呢?就在刚进医生办公室时,听到小伙子病房里传来了一阵欣喜的叫声:"儿子笑了,儿子笑了……"我放下血压计闻声走进病房,原来小伙子的脸上露出了笑容,他彻底醒了过来。爸爸抚摩着他的脸颊,妈妈坐在他的床边上高兴得流下了眼泪。端木老人脸上的笑仿佛像一朵盛开的花,此刻更加灿烂了。

据医生说,小伙子很有可能是被端木的歌声呼唤回来的。医生还建议小伙子的爸爸妈妈以后不要在孩子面前唉声叹气,要给孩子阳光般的温暖和笑声。

有一种布施叫甜美的歌声和微笑,它们是用豁达和热爱融合而成的甘泉,滋心润灵,消障除碍,越过难以逾越的高山,然后,重归生命的精神家园。

斜土路上的汽车小站

那是一个冬日的清晨,我从老家淮安乘坐大巴车到上海汽车站。然后,又乘公交车到徐汇区的斜土路,那里有开往南桥镇的专线车。7点发车,我到斜土路时刚过6点。车站旁边有个老人在点煤球炉,白色的烟雾在细细的晨风里飘散开来。不远处,有早起的女人们在涮马桶,那声音在上海的早晨里显得格外的清脆。斜土路不宽,时间又还早,马路上倒是清静。

煤球炉上水壶里的水开始冒出腾腾的热气来,有个围着围裙的中年妇女拿着两个热水瓶放到煤球炉旁边。然后,她将水瓶倒满水,就进了面条店里。天色渐亮起来了。面条店里传来了老人的声音:"哪能回事情啊?叫侬少放点油,少放点油,放嘎些多做啥啊……"接着,中年妇女的声音又传了出来:"侬身体好,我们就都好……"从女人的声音可以判断,她不是上海人,感觉是苏北或安徽人。他们的声音虽不是很响,却能清晰地传到店外。

问一位乘客,得知还有半个小时才发车。于是,我走进面条店,想吃碗面条暖和暖和胃。在面条店最里面的位置上,我看到那个老人在吃面条,有个小女孩正夹了一个荷包蛋放进老人的碗里。女孩坐在老人的对面,他们开始了一段声音很轻的对话:

女孩:"爷爷,妈妈是为了您好,您怎么总是生她的气呢?"

老人:"小囡啊,我就是要让她生气。"

女孩:"这为什么呀?"

老人:"为的是……"

女孩:"爷爷,您倒是说呀,到底是为什么呀?"

老人:"侬娘胃不好,要买药吃呢。"

女孩:"买胃药又花不了多少钱的,您以后不要再这样对妈妈说话了。好吗?"

老人:"嗯,听小囡的。"

女孩:"爷爷,昨晚睡觉前,我掐了爸爸的右手,他有反应了呢。"

老人:"唉,侬爸爸救人一命,自己却起不来了……"

那位妇女给我端来了面条,老人和女孩也停止了对话。看墙上的那个挂钟,还有20分钟就到发车时间了,我赶紧吃起面条来。这时,专线车的驾驶员拿着保暖杯走进面条店,一边往水杯里倒水,一边头也不抬地说:"大排面加点辣椒。"那个妇女接过话说:"除夕下了场那么厚的雪,这节后的西北风又像鬼似的到处乱钻呢。"

专线车向南桥镇飞驰。驾驶员是个爱说话的人,可能又看我一身军装,便主动跟我搭腔。他说外地人到上海来当兵,算是福气了。而上海人到外地当兵,特别是去西北当兵,真是受了罪了。我借他的话题,问起那个面条店的老板娘是不是外地人。他说,她是安徽人,她的老公原来在造船厂开行车,有一回为了救他的徒弟,自己受了伤一躺就是几年。驾驶员还说,老板娘的命也不好,前两年检查出了胃癌,连小孩子也不敢说。说到这里,他把脸向我转过来,说,她家的女儿很懂事的,听说学习成绩在年级第一名呢。

后来,每次探亲回部队路过斜土路时,我总会到那个面条店里吃碗面条。我不再光吃雪菜面,而是有意加个荷包蛋,或者加块大排。那时,虽然每个月只拿不到30元的津贴,之所以这样奢侈,只是想给自己的心里增添一些温暖。

  时间过了近三十年。如今,我每天上下班都会路过斜土路,却怎么都想不起当年的那个汽车站靠近哪里。有时也想,即使知道它的方位,现在高楼林立,也全然没有当年的那个清晨的景象了。

心里有爱,生活就会像花儿一样盛开

当我们的车进了儿童福利院时,雨停了。时值初夏,雨后的清风拂在脸上,让人惬意。负责孩子生活的老师对我们说,晓欣还没放学,要等一会儿。借着这时间,我请那位老师介绍一下晓欣的情况。

晓欣曾被人领养过。可能是那个养父工作上遇到了不顺利,整天以酒消愁,醉酒后往往会打晓欣,有时甚至还不让她上学。就这样,晓欣被耽误了,以至13岁才读小学三年级。面对这样的家庭,晓欣时常躲在自己的小房间里悄悄抹眼泪,她知道,那个家已不再属于她了,在一个落雨的晚上,晓欣坐着养父的摩托车回到了儿童福利院。当她回到福利院时,脸上带着雨水和泪水,在生活老师的怀里抽噎不止……重新回到福利院,晓欣整天和弟弟妹妹们相依相伴,有老师的关心和呵护,她的脸上又露出了久违的笑容。儿童节那天,几位慈祥的爷爷奶奶拿着故事书和玩具来到了她面前。有位爷爷给晓欣讲了个故事:"很多年前啊,有个小朋友在9岁时,就被他的叔叔卖给了别人家。这个小朋友到了读书的年龄,还在那个家里做着苦力活。到了15岁那年,他决心要改变自己的生活,就毅然冲破家庭阻力,报名参了军……"

晓欣听着听着,就问解放军爷爷:"那个小朋友后来呢?"解放军爷爷对晓欣说:"那个小朋友啊,就是我啊!"当晓欣听说那个从小就受苦受难的小朋友就是眼前这位解放军爷爷时,一下子扑进了他的怀里,呜呜咽咽地哭了起来。晓欣已经有点懂事了,惺惺相惜啊。

我问生活老师,晓欣平时在这里都做些什么呢?老师告诉我,说晓欣每天放学回来后,除了帮院里的老师做些事,还带弟弟妹妹们玩,给他们讲故事,为他们洗玩具。晓欣在学校里成绩优异,表现样样出色,还当上了少先队大队委员呢。

就在我们谈话时,晓欣放学回来了。老师叫住她,她跑了过来。有位解放军奶奶拿出一条缀有花边的白裙子,笑着对晓欣说:"来,穿穿看,看合不合身?"晓欣忸怩地笑着,脸上现出了淡淡的红晕。

我们跟着晓欣到了她的小房间。我看到,她们的小床一张紧挨着一张,就像一个个小朋友手拉着手。被褥干净整洁,给人一种温馨舒适的家的感觉。我问晓欣:"十年后,你已长大读大学了,相信我们还会再见面吗?"她的脸又红了,默默地沉静了一会儿后,鼓起勇气握紧着小拳头对我说:"一定能见面的!"

我们要离开了,晓欣送我们到门外。透过车窗,我看到她不停地向我们摆着手,脸上不再有笑。我知道,那表情分明是一种不舍,还隐隐有一种期盼。

时间如流,一晃过了十年。我想起了晓欣。于是,我联系了干休所,提及当年军休干部帮助晓欣的事。干休所负责同志跟我讲,那个女孩已考上了南京师范大学。听到这一消息,我急切地想见到她。

好事多磨,我和晓欣终于见面了,她还记得我。看着又高又漂亮的晓欣,我怎么都无法与十年前的那个生活在儿童福利院的女孩联系在一起。提到十年来发生的事,晓欣难过地说:"有几个爷爷奶奶都去世了……"她说着说着眼泪就下来了。此刻,我不知如何安慰她。过了一会儿,她擦了擦眼泪,对我说:"叔叔,我得谢谢您呢,就是您那句'十年后再见面'的话,让我立志一定要考上大学,以光荣的姿态来面对您。"我告诉她,凡是有志向的人,都能给自己以力量。她接过我的话,说她毕业后会考研,争取留校工作。她想做一名老师,用自己学到的知识,去引导热爱学习的学生。她还说,要用她真诚的工作,去回报一直以来帮助她的那些解放军爷爷奶奶和福利院里的老师们。

晓欣和我非亲非故,听着她的话,我的心里却暖暖的。

上　铺

1997年仲秋的一个星期五,我去北京军区看望一位战友。从上海到北京,晚上发车,第二天清晨到达,在火车上睡一觉,也算是方便。没想到,那天硬卧票已售完,我只好买了张硬座票。火车快到徐州站时,检票员说已有硬卧的铺位,我买到了一张5号车厢13号中铺。

找到自己的铺位,我就躺下睡觉了。不知什么时候,有人跟上铺说着什么,声音有点轻,加之我睡得迷迷糊糊的,一句也没听清楚。那人从上面下来时,我看到他的侧面,是个年轻人,身穿白底蓝格子外套。上铺安静了,我又睡觉了。约过了半个小时的样子,上面又有说话的声音,我睁开眼睛侧过身看去,只见一位中年妇女在跟上铺说着什么,声音比原先的那个小伙子还要轻。说了一会儿,那个中年妇女下来又走了,我看到她皮肤微黑,短发,身穿一身不怎么干净的运动服。我感觉他们的行为有点诡谲,不知他们是干什么的。上铺长得什么模样,我没看到。上铺安静了,我又盖起被子睡觉了。说是睡觉,其实根本也没睡着。火车一路颠簸,一会儿进站,广播里传来播音员的进站提示,一会儿减速交汇鸣笛,再加上上铺不时地有人过来说话,搅得我翻来覆去。我对上铺开始厌烦起来。

火车到德州站时,有人上来卖德州扒鸡。我心想,这天还没亮呢,谁会买扒鸡吃呢。我笑那个卖扒鸡的小贩。就在那个小贩从走廊路过时,上铺传来沙哑的声音,说给他来一只扒鸡。小贩递过一只扒鸡后,又搭上一腔,问道:红星二锅头要来一瓶吗?那个沙哑的声音说来一瓶吧。刚刚我还觉得半夜不睡觉吃扒鸡有点让人匪夷所思,结果上铺还又买了一瓶二锅头。我对上铺开始警觉起来,心想,这样的人多不是什么好人。奇怪的是,我并没有听到上铺吃扒鸡的声音,也没闻到他喝酒的香味。这时,先前那个身穿白底蓝格子外套的人从车厢前头方向过来了。这下我看清了他的面貌,是个留有胡须、眉毛浓厚但精神显得有点疲惫的年轻人。他的眼神里有一丝焦急又有一丝盼望,他爬到上铺说了一阵话,下来看了看手表,就匆匆离开了。不一会儿,那个中年妇女从车厢尾部方向也来找上铺了。他们从头到尾说的话我没听明白一句。一阵忙活之后,上铺又进入了安静状态。当火车准备进入廊坊站时,上铺有了动静,还没等我看清他长的是什么样子,他已消失在我的视线里。

　　我被上铺这样一折腾,一点睡意都没有了。见车外的天色已渐亮,我简单洗漱之后,便向 8 号餐厅车厢走去,希望能喝上一碗粥。来到餐厅车厢时,我被眼前的情景惊呆了。有两个男子被铐在一起,身边坐着三个人,一个是上铺,一个是身穿白底蓝格子外套的小伙子,一个是中年妇女。上铺对那个中年妇女说:"大姐,等会儿出站后,你赶紧回家去,好好给你的宝贝儿子过生日吧。"说着,就拿出扒鸡递给了她。然后,上铺又转过脸,一边将二锅头送给小伙子一边说:"你回家也好好洗洗,把小胡子给剃了,跟女朋友逛逛街吧。"上铺说这几句话,我全听清楚了。原来,他们是便衣警察。

　　我跟着上铺他们一起出了北京火车站。当我看着警车鸣笛呼啸远去时,想到先前我对他的误解,又想到他关心体贴自己队友的举动时,我对上铺肃然起敬!

龙井村的王大姐

曾听说,杭州虎跑泉的水泡龙井村的茶,为天下上好的茶。常喝能使人精神焕发,耳聪目明。这次因公差去了趟杭州,有幸饱了口福。

到杭州第二天,我便去了龙井村。从岳坟出发,乘游船,赏西湖,过苏堤,车随峰转,到达九溪烟树。当地一位开车的老师傅听说我从上海来龙井村品茶,便主动向我介绍起龙井村来。他说穿过九溪十八涧,步行大约15分钟便到龙井村。到龙井村,如果有老乡请喝茶,不要担心,喝茶后不买茶叶也没关系,他们都一样热情。

离开九溪烟树,我顺着九溪十八涧悠闲地向龙井村走去。

路都是石砖铺砌,也许是走的人多的缘故,路面显得光滑而透亮;路两旁有小溪潺潺而过,留下一串清脆的响声。上山的人很少,也偶尔有一两辆汽车路过。大约走了20分钟,有一位中年妇女推着自行车从山下向我走了过来。我向她打听龙井村,她微笑着对我说:"前面上了坡就到了。""你们家有茶叶卖吗?"我试探着问了一句。她说:"如果你不嫌弃的话,欢迎到我们家喝茶。"不一会儿,便到了她的家。

我刚坐下,她便拿出茶杯,泡上茶,热情地端给我。顷刻,茶杯里溢出一股沁人肺腑的清香。茶叶在开水中慢慢舒展开来,那嫩绿的形状,就像刚采下来似的。她连连对我说:"喝吧,喝吧,很香的。"我浅浅地尝了一口,顿觉有缕清香由口入腑,真是好茶。谈笑中,我们拉起了家常。

她说她原是宁波人,二十年前因家乡穷,嫁到龙井村来。全家五口人种着七口人的茶地,公公婆婆已上了年纪,孩子在读书,自己和丈夫平时虽然忙了许多,但每年可采茶 40 多斤,有两万多元收入。今年她婆婆生病住院,花了 1 万多元。从她言谈中,我了解到,茶农种茶,辛苦一点倒不算什么,只要身体健康,就是全家人的幸福。

当我问起炒茶有哪些讲究的时候,她的脸上露出甜甜的笑容。她领我走到炒茶锅边,边揭锅盖边说,过去炒茶都是烧木柴,火候很难掌握,欠火不行,过了火也不行,炒出来的茶自然也就少了几分味道;现在好了,炒茶锅下面通上电,温度恒定,炒出的茶色泽好看,味道也清香。当然,炒茶的功夫是从小练就起来的,长大后就很难了。而孩子在读书,很少练习炒茶,以后一旦考不上学校,就连炒茶也学不会了。

我们谈话喝茶忘记了时间,一晃已到中午。阳光透过树隙斜斜照进屋内,我欲起身告辞。只见她拿出一个茶叶袋子,包了一些茶叶,说是送给我带回上海慢慢品尝。我要给她钱,她说什么都不要。看着那张写满善良和诚意的脸,我实在无法拒绝。

离开龙井村后,我去灵隐寺。站在高大森严的佛像面前,我第一次虔诚地闭上眼睛,默默地祝福那位善良的茶农王大姐一生好运。

夜访沈家门

秋雨潇潇,淋湿了夜幕。就地理位置而言,沈家门滨港路与上海的滨江大道、香港的星光大道相似,但繁华程度自然不可相提并论,却有着独特的小镇风情。

在那里用罢晚餐,朋友们回了宾馆,我撑着雨伞沿滨港路由东向西慢慢地走。但见夜排档摊位前,一排编了号的红灯笼在微风细雨中轻轻摇曳,摇出了小镇七十余年的情韵;港湾里一艘艘渔船落锚而歇,感受着家的温馨和闲适。

我来到夜排档西头的一个客人较少的摊位。老板娘热情地讲起值得沈家门人骄傲的地方来。她说,七八月份这里是吃海鲜的旺季,每逢周末,夜排档生意红火,来自上海、杭州、舟山等周边地区的游客熙来攘往,品尝着海鲜,谈笑风生。那些与餐桌保持着一定距离的民间艺人们,或弹或唱,更是展尽自己的才华,给夜排档染上一层欢乐色彩。鱼汛旺季,近万艘渔船云集沈家门。出售海鲜的、修理渔船的、购买生活用品的,密密麻麻都是渔民,整个小镇天天像过年似的。

沈家门人很少称自己是普陀人(沈家门隶属于舟山市普陀区),说自己是舟山人的更为鲜见——沈家门人就是沈家门人!这也难怪,沈家门渔港与挪威卑尔根港和秘鲁卡娅俄港并称为世界三大渔港,谁不愿为自己脸上贴金呢?

老板娘还说,渔民出海归来,有的携家人去酒店,住上几天宾馆,享受生活的美好滋味;有的准备在岸上买套住房,等老了寄寓小镇,不再漂泊大海。过舒适安稳的日子,是他们的人生追求啊!

讲到她自己,老板娘说,每天要凌晨2时左右才歇工,冬、春或禁捕期,生意也不好做。她还告诉我,夜排档分为东西两大块,东头的海鲜价格比西头的贵,原因是东头位置好,摊位月租费高。这点外地人是不知道的。看上去她有点疲倦,这大概是经常熬夜的结果吧。

我们说话的当儿,有个八九岁的小男孩提着热水瓶走了过来。他放下热水瓶,从口袋里掏出一盒药,撕开一袋冲剂倒入一个茶杯里,加入开水,用筷子轻轻地搅拌着,继而噘起小嘴吹了一阵,接着小心翼翼地端给了老板娘。老板娘喝了药,摸摸小男孩的头。小男孩抬起脸问:"姆妈,今朝生意好不好?"老板娘笑而不答,让他快回家睡觉,明天还要上学呢。小男孩说今天是星期五,可以帮她做些事的。

这时,来了一批客人,老板娘忙着去招呼了。我小声地问小男孩:"爸爸呢?"他抓抓后脑勺,说他爸爸在工厂里干活,很晚才能回家。小男孩忽然把嘴巴贴近我的耳朵:"叔叔,癌症能治好吗?"我先一愣,接着想起刚才他为母亲冲药的情景,顿时明白了几分……

深夜里吹来一阵海风,雨丝打在我的脸上。看着老板娘疲惫的身影,还有小男孩期待的目光,我撑开雨伞,离开了夜排档。

幸福@西塘

自女儿来上海生活后,我已有八年没外出放松心情了。久而久之,仿佛已成了习惯,习惯于晨起和晚饭后散步于滨江西岸,阅读两岸风景,感受清净的心境和自然的心态。8月1日这天,老乡盛邀一游西塘,说为我这个退役军人过一次别样的建军节。适逢星期六,我欣然前往。

西塘,在我的心里是个听说很久却始终没有去过的古镇。古镇灵于水,乘游才尽兴。我们几位老乡乘船而游。是时午后,虽头顶烈日,但坐于船内,有微风浅荡,再有小船绿水,真是满心满怀的清凉。

同船的还有一家三口人,他们来自杭州。人们常说,百年修得同船渡。摇晃的小船,泛起微波静静地荡漾开来,细细的风从两岸飘过来,令人身心舒适,惬意满怀。放松的心情,大家也敞开心扉,欢喜地聊开了。交谈中,得知女士是杭州某学校的老师,她的儿子是建筑领域里的博士生,很是了不起,我们为他鼓掌赞叹。女士的先生、小伙子的爸爸只是安静地用笑容呼应着我们,他给我的印象应是位高级知识分子,半白的头发,戴着一副眼镜,很是斯文的样子。聊天中,女士的脸上总是离不开笑容,一会儿声情并茂地表达她那一刻的美好心情,一会儿说起她关于幸福的理解。她说,一个家庭的幸福与否,关键在于女人,如果说一个家庭里有了一个幸福的女人,她会影响到三代人的生活。她会孝敬自己的公公婆婆,她会疼爱自己的丈夫,她会用对生活的美好和热爱去影响自己的孩子……然后,她还特意强调一句:"我就是这样幸福的女人啊!"我们与她一起享受幸福的笑声。听着她的话,我不时地称赞点头,她开朗的性情却丝毫不失幽雅的风度。听着她对幸福的理解,我内心不时地被感动着,人活一世,幸福真好!

她叫也斯,在她的生活里,喜爱瑜伽,喜欢游泳,还热爱奔跑。当然,她更钟情于祖国的异彩风光。在她的生活哲学里,不爱自己的生活,怎能热爱自己的家人;不爱自己的家人,又怎能热爱自己的祖国。她的公公婆婆就是一对相爱的老人,他们几十年一路手牵手走来。父辈的爱影响着她和她的先生。平淡的生活里,只要家人喜逢生日或结婚纪念日,她总是动足脑筋,或定制礼物,或思考写上一句富有爱意的话,让亲人感受到爱与被爱的暖暖真情。在她润物无声的影响下,儿子孝顺长辈,勤于学习,在这个知识分子家庭里别树一帜。听说他今年将与自己心爱的女孩喜结良缘,同船的人都由衷地祝福他们。

半小时的行程,在说笑中很快船行码头靠岸。上岸前,我们彼此加了微信。为了纪念此行意义,还请路人给我们合影留念。在那个愉悦的下午,我们在"送子来凤桥"挥手告别。

我带着也斯女士的幸福观走在热闹的古巷里,不管古巷临河,还是店铺相对,走在青石板路面上的双脚,始终轻点我的思维的穴位,眼前的一切皆与我无关。是啊,我们很多人都知道幸福的概念,对幸福谁都能夸夸其谈一番。然而,联系到我们的生活,很多人都活得不尽如人意,仿佛幸福都是别人的事。

在我们即将离开西塘时,也斯女士通过微信红包发给老乡船票的钱。西塘的游船船票,按一条船收费(一条船实际可乘坐八位游客),而不是按人头收,每条船200元。在售票处,就在也斯女士一家人了解船票事宜时,反应极快的老乡说,大家合拼一条船吧。就这样,也斯女士全家人与我们同船共游。老乡没有点开也斯女士的红包,而是回了条消息:"一张船票,有幸同船。既有缘,也有分。船票就作为美好的纪念,望来日可期,顺祝贵公子早日喜结良缘!"

当我真切地感受到真诚和真情在西塘古镇上如微风般轻拂时,我的心里不禁流淌出一股温暖的清泉——谁说世风日下,谁说真情式微?其实,幸福和友谊一样,很多时候蕴藏在我们内心深处,只要彼此坦诚朴实,那股清澈的小溪就会从我们的心里涓涓涌出。

愿把功德回向给自己的
冤家债主吗

那时,我在部队。有一回,科长让我给司令部值班室绘制一张上海防空图。那天下午,参谋长到值班室检查工作,科长也叫上了我。见到那张崭新的标识清晰的防空图,参谋长当场表扬了科长。科长随即解释,说是"小李做的"。科长不揽功,我对他心存敬意。

"做工作,总会有出差错的时候。出差错肯定会受到批评,但我们不能因此而懈怠工作。"科长曾对我说过这样的话。一个休息天,我在绘图室看书。副参谋长值班,不知怎么他也来了绘图室。他先是对我的爱学习夸赞了一句,后看到摊放在绘图桌上的一份我绘制的某"机场分布图"。他一边用手指着图标一边严肃地问我,这个机场的跑道方向是这样的吗?我正不知如何回答时,科长恰巧来了,听副参谋长这样问,连忙向副参谋长解释:"小李刚刚调来,他还不懂绘图呢。"科长为我解围,我不禁从心里感激他。

经过这两件事,我告诉自己,只有加强学习,才能提高业务能力;只有培养耐心细致的工作作风,才能回报科长对我的关心。那年夏天,科长的家属来部队,我们一起吃顿饭。科长高兴,喝了两杯酒。提到与人处事的话题,科长对我说,小李啊,一个人能做到以德报怨,哪怕他平时待人说话不中听,别人也都会对他敬重三分的,这就叫个人的品格。科长还说,如果你以后做了领导,一定要有胸怀,没有胸怀的人是不具备领导资格的。

科长转业到地方工作后,不管是做人还是做事,他获得的"上海市先进工作者"的荣誉是最好的诠释。因果不虚。科长用辛劳和智慧最终位居副局长并主持工作,但也因积劳成疾,他的生命走在59岁的年龄。

可能是因为胸怀不足的原因,至今我都没有做上领导。

近年来,我开始涉猎佛学有关知识,也结识了几位修行的居士。我见到修行的人在做佛事活动之后,要用"回向"仪式作为结束以示圆满。而回向的内容是"愿把自己所修的功德,统统回施给他人,以令他人得到利益。"后来,觉明法师说,回向共有三个方面,即回因向果,回事向理,回自向他。功德回施他人,属于回自向他。我发现,修行的人,胸怀是极为宽广的。明明是自己修行得到的功德,却无私地回向给别人,这点令我由衷地赞叹。

凡事要深入,才能得其本质。我想,善人互助,较为容易。如果能将功德回向给自己的仇人,化干戈为玉帛,那样的功德不是更大吗?对此问题,我曾请教过觉明法师。觉明法师说,凡事讲次第,佛教有"自觉、觉他、圆满"的秩序,只有先自我觉悟利益自身了,然后才能利益他人,最后达到觉行圆满。你说的把功德回向给仇人,我们的回向文疏里就有啊:"以此诵经功德,回向给十方三世冤家债主……"当然,到底有多少人从内心深处去发这个大愿,就只有自己知道了。

觉明法师说,若能发心将功德回向给自己的仇人,至少要做到三个方面:一是为寺庙、道场捐了钱财,帮助师父做了些利益的事,而不起贡高我慢之心;二是与同修的人互为勉励,同学共进,对师父供养恭敬,时时处处事事都能提醒自己的身份;三是无论到哪个寺庙、佛堂都能遵守规矩,从内心深处敬畏三宝。只有如此恭敬之心,才能心愿所指,发自肺腑地将功德回向给自己的冤家债主。

我问觉明法师,这样的发愿,算是一种胸怀吗?觉明法师说,出家人讲究"六和敬"。尊重赞叹别人是一种修养,一种品格,也是一种胸怀。世人之所以成为人,说明每个人身上都有别人不具有的优点或长处。同样,我们每个人身上也有因种种局限而存在的不足。所以,我们需要取长补短,需要用胸怀去接纳别人。"群居防口,独处防心"。群居不防口,就有了搬弄是非;独处不防心,就有了违法乱纪。造好自己的心,修好自己的口,才能真正将功德回向给与自己有关的所有人。

想到科长对我的关心而不求回报的事实,今日我若有所悟:很多人在帮助别人的同时,虽然不图回报,但实际上功不唐捐。在他帮助别人之时之后,自己的内心已经获得了宽阔的胸怀——不揽功、不贪心,内心深处享受到的那份快乐和欢愉,远比功劳还要让人喜悦。庄严自己,就是成就自己。

晚霞暖暖地照在他的脸上

那是一个晴日的傍晚,火红的晚霞透过窗户,暖暖地照进了病房。朋友的病床紧挨着窗户,晚霞映在他的脸上,亲切而柔软。朋友看着我,露出微微的笑意。

12床是一张空床,我正准备落座,朋友抬抬下颚,让我坐凳子上。是时已过立冬时节,室外寒意袭人,好在病房内已开了暖气。朋友看了眼12床,跟我说,这张床的主人刚刚走,等会儿护士要来整理被单了。朋友话音未落,我心里咯噔了一下。可能是看出我的忌讳,朋友又微微笑了一下,说,他来这里一个星期已经送走了两个病友了。

看望朋友之前,我已有心理准备。一年前,朋友不幸查出肠癌,且属晚期。医生让朋友的家人做好思想准备。朋友的妻子、父母一下子感觉家里的天塌下来了。在是否做手术这个问题上,朋友和家人意见不统一。妻子和公公婆婆坚决要他做手术,可朋友说花那钱受那罪也活不了多久,还不如"不动刀不动枪"活到哪天就哪天要好些。当时听说,朋友的一个同事也查出和他一样的病,单位里有人说这很有可能和新装修的办公室有关。可没有确凿证据的争论于事无补,那个患病的同事已安排了手术。关于朋友的治疗方案,最终的结果是,家人妥协于朋友——不做手术,顺其自然。当然,朋友也安慰家人,说等病情加重时再住进医院吧。就这样,朋友拿着医生开的药回家自我调养了。也从那时起,朋友在身体许可的情况下,还出去三两天,到一些自己想去而没有去过的地方。一年后,朋友住进了社区卫生服务中心安宁疗护病区。朋友精神尚好,性情也开朗,轻松地跟我谈一些离死亡最近的故事。他说那些事,好像死亡跟他没有关系似的。

朋友的床号是 11 床,12 床是一位作家。朋友说,作家很干净,灰白的头发,每天都整理得干净有序。即使穿着病号服,也能让人感觉出气质不凡的模样来。床头的那个柜子上,作家放着一个艺术纸内镶一片红枫叶的小镜框。作家曾说,人生就像这片红枫叶,生命成熟了才能感受到色彩给予人的意义。小镜框旁边还有一个笔记本,作家每天都会写上一句或一段话。朋友说,那是作家的感悟记录。就在今天午后,作家被转移到"特殊"的病房,那间病房里没有抢救设备,没有各种导管,只有显示器上的一幅可调节的安详的图像(有释迦牟尼佛,有耶稣,还有美丽的小天使)。听护士说,作家走之前,眼里看到的是释迦牟尼的慈悲像。朋友说,作家就是这张床刚刚的主人,走之前很安静。

过了一会儿,朋友说起了 10 床,他是一位画家。那位画家头发有点长,还有点卷。他是个基督徒。当他住进来后,不能作画了,精神好点就看《圣经》。画家不怎么爱说话,不像 12 床,有话没话总想跟朋友搭上几句。有一天,画家终于主动开口,说他读过美国作家欧·亨利写的《最后一片叶子》。说琼西在寒冷的 11 月患上了严重的肺炎,且病情每况愈下。她将生命的希望寄托在窗外的最后一片藤叶上,认为那片藤叶落下之时,就是她生命结束之时。她的朋友苏得知后很伤心,便将琼西的想法告诉了老画家贝尔曼。一个月后,奇迹发生了:屋外的那片叶子早已枯萎发黄,但它仍然没有堕落。琼西看到最后一片叶子在凛冽的寒风中依然没有凋零,自己为什么不能做到呢?就这样,她又重拾生命的信心,顽强地活了下来。可她并不知道,那是年过六旬的贝尔曼,在一个风雨交加的夜晚,为了画上最后一片藤叶,因着凉,染上了肺炎不久就与世长辞了。朋友说,10床经常看《圣经》,他的心里已经有了耶稣。他走在三天前,走时也很安详。

我忽然想到朋友的那个患病的同事来。朋友说,他们两个年龄相近,体质也差不多,同事术后半年就去世了。人受了罪,家里也花了很多钱,结果人财两空呢。朋友接着说,我没有做手术,反而活得轻松些,也没有受那化疗的罪。你看看,我现在不是还活得很好吗?朋友说着,还撸起袖子展示一下他的肌肉。

朋友喝了口水说,在这里比在家里要好,有病友,大家可以相互鼓励安慰;有医护人员,有志愿者,她们每天都会问候你,大家像一家人似的,整天有说有笑的,一点不寂寞。更何况,来这里的病友,大家都是即将走完生命最后一公里的人,没有贫穷和富贵,也没有傲慢和自卑。大家只有一个任务,就是活着尽量少些痛苦,多些安慰。

看到朋友满脸的红晕,满心的坦然,我为他欣慰。离开医院后,迎着将尽的夕阳我走在满地落叶的小路上,想到住在安宁疗护病房里的那些人,他们在生命垂危之际没有被情感绑架而承受"动刀动枪"的痛苦,一如温馨火红的晚霞,在告别黑夜之后又将迎来朝霞。

拨开风雾的海儿

"因为青岛的节气晚,所以樱花照例是在四月下旬才能盛开。樱花一开,青岛的风雾也挡不住草木的生长了。"这是老舍的《五月的青岛》里的一句话。正是在这个富有诗意的季节,我在青岛见到了长篇小说《海儿》的作者李有利。

李有利先生很健谈,听他说话,给人一种潮起潮落的感觉,颇有海浪起伏的韵味。提起《海儿》这部小说,他自然想到了自己的文学启蒙老师苏茹老人。

那是20世纪70年代的事,还是一位海员的李有利,受父亲的老战友之托,到上海看望当年从胶东半岛参加八路军的苏茹阿姨。只有20出头的李有利,声情并茂地神侃着家乡的人和事。从事编辑出版工作的苏茹发现李有利的故事很多,而且叙述得很有条理,便以长辈的身份真诚地对他说:"你有写作的天赋,虽然不一定能成为鲁迅和高尔基,但只要努力,将来有可能写出好小说。"那天,苏茹送李有利一本《小学生字典》。苏茹阿姨的一句不经意的话,从此改变了李有利的人生航向。

"妈妈去世了,我把大海当作了母亲。"在大海母亲的怀抱里,李有利忙业之余一头扎进书堆里。在枯燥的海上生活中,写信成了他唯一的精神寄托。他把自己的故事装进信封,一封一封地寄给苏茹老师。每次出海归来,他便迫不及待地查找苏茹阿姨的来信。信里有苏阿姨用红笔对他的错别字的修改,还有殷殷的期盼和诚恳的鼓励……一个温馨而美丽的文学梦,在李有利的心里悄悄萌生。

很难想象，自小在海里扑腾，仅读过四年小学，16岁就当了海员的李有利，距理想的灯塔到底有多远。更何况，他后来又因生活的变故，于20世纪90年代初只身闯荡深圳，在极其艰难的商海里拼搏。他像一个水手，尝尽了"苦涩的沙，吹痛脸庞的感觉"，却又始终"幻想海洋的尽头有另一个世界"。为了当初的梦想，他拨开风雾，默默地体味着生活的苦难与曲折。创业的磨砺使他坦然面对生活，全然把种种感受都变成了烹调生活的各种佐料。

三十年的事业打拼，成就了他对生活的执著。三十年的文学之梦，也迎来了鲜红的朝霞。2006年初春，那个阳光里飘着花香的季节，长篇小说《海儿》由上海文艺出版社出版了。这篇25万字的小说，承载着李有利生命里的传奇，寄寓着一个海边少年热爱生活、自寻其乐、无畏向上的精神以及对美好生活的热切渴望。小说的语言朴实无华，生活气息浓厚，有着许多对大海的精彩细微的描写：白日的海，夜晚的海，深藏着鲍鱼的海，长满冻菜的海，满布礁石的海，珊瑚林立的海，绚丽多彩的海，它时而风平浪静，时而尖厉咆哮，时而幽深诡秘，时而梦幻明亮……而从没有潜入过海底的我们，读了那一段段的描写，仿佛也身临其境地下了一回海。

当《海儿》来到这个世界的时候，苏茹老人却含笑去了大海的那一边。

李有利先生还告诉我，为了纪念苏茹阿姨，他的第二部长篇《海恋》将付梓问世，第三部《海魂》也已在酝酿。李有利先生的创作如潮涌来，按他的话说，"三十年过去了，其间命运坎坷，生活波折，曾几经磨难和沉浮……不管多么困难，我都一直呵护着心中的那棵文学苗儿，因为有双眼睛一直在关注着我……"

5月的青岛花香四溢，期待李有利先生的《海恋》像花儿一样，在这美丽的季节里与大家见面。

新市古镇里的老篾匠

少年岁月,读诗人吴潜的《竹》时,我得知诗人出生在浙江的新市镇,那是一个离苏北平原淮安遥不可及的南宋留下的古镇。少年时的天空,总是不着边际的。在我的心灵里,古镇是古人生活留下的痕迹,走进古镇,就能感受到古人性情的气息。

人生宛如一条流动的河,谁都无法料到自己的一双脚将来能走到哪里去。就像我,从没曾想到少年时初识诗人,几十年后竟会在一个"数九寒天"里意外走进诗人的故里。

这天下午,我的脚步像心情一样,每一步都走在那一块块"意外"的青石板路上。随行友人上海师范大学朱老师向我介绍,在古镇里有个老篾匠,手编的各种生活用具环保耐用,不妨去看看。想到当下提倡匠人精神,我对身边路过的清朝画家沈铨、现代著名神学家赵紫宸的故居都不再停步。走老街逛古巷,寻的是古朴建筑,问的是人文历史。然而,在我看来,地灵人杰之说于古人只是一种追忆,而对今人来说却是一种精神。那一刻,急切目睹老篾匠的心情,恐怕也源于吴潜写的"编茅为屋竹为椽,屋上青山屋下泉。半掩柴门人不见,老牛将犊伴篱眠"。老篾匠的过活就是靠竹,而竹子在诗人的心里却有另一番景象。我想,能不能在老篾匠的活计里寻问到诗人的那种情诗来呢。

远远的,我看到了老篾匠的背影。他正临河而坐,手里的一片长长的竹子正在一个锋利的刀片下变得光滑匀称,丝丝如线的竹皮,随着老篾匠的右手高高拉起而卷卷落下。我静静地伫立在他的身旁，目光跟着他熟稔的动作而上下移动。我很想了解他，可又怎能打扰他呢。转身看到"马吉林竹编"店里有位女士正给游客们热情地介绍老篾匠编的一件件作品。女士落落大方，微笑着自我介绍起来。原来，她是老篾匠的女儿，叫马引娣。她说，马氏竹编为祖传技艺，源于她的曾祖父马有宝。曾祖父以篾匠为生，到了祖父马孝泉年代时，他在新市镇开了一家"马生记竹器"店，主要做竹篮、蚕匾、畚箕等生活用具和农具。马引娣女士还说，祖父还创新发明了"新市篮"，新市篮经久耐用，深受当地及周边地区用户的喜爱。

提到她的父亲马吉林，她说父亲10岁时开始学习竹编技艺，15岁时已能跟随祖父走南闯北做手艺了。后来，父亲下过乡，也进过工厂，不管生活如何变迁，竹编技艺从没放弃过。父亲不是个守旧的人，他退休后还到处寻访同行。虽说当下同行极少，但每寻到一位有成就的同行，不管多远，他都会登门拜访，讨教研学。如今，他编织的图案花样繁多，以福、禄、寿、喜吉祥图案居多。当我问及编织的程序时，马引娣女士说，制作要通过剖竹、过"剑门关"、刮光、染篾丝、编织等工序。编织的方法也很多，按不同产品编法各不相同。另外还有图案和文字的编织，运用"几花几花""穿针引线"的方法。她还主动跟我说起竹编对竹子的讲究来。她说，竹子只能选用白露过后经过霜染的竹子，没有甜味，自然也就没有虫子吃过。不像春夏秋三季的竹子，一旦被虫子咬过，竹子当然就受了损伤。

当我提到媒体对此有无报道过这个话题时，马女士的脸上露出了喜悦的神情来。她说，新华社记者来采访过，中央二套、中央四套、浙江卫视，还有德清县电视台都来采访报道过。她还说，"新市马氏竹编技艺"已获得市级非遗项目。就在我想问她是否也会编织时，有个熟人把她叫走了。

我又走回到老篾匠身边,他已完成"刮刀"工序,正在换刀。见他得空,我和他聊了起来。他问我是哪里人,我说上海来的。他说,一听讲话就知道你不是上海人。我笑了起来,夸他耳力好。我问他一天能做多少个物件,老篾匠笑笑说,对他来说,只是喜爱,也是传承。再说,每个物件的完成,都是经过很多工序的,不能用一天的时间计算做几个物件。就在说话当儿,朋友朱老师走过来,说他在这里还买过几个竹匾呢。老篾匠说,每天这里来往的人多,他记不得的。当我问及竹编将来是否还有传承时,老篾匠不禁叹息道,竹编远离了百姓生活而成为艺术品,前途还真有点堪忧呢。

天色渐暗,我们还要赶回上海,便与老篾匠告别。临行前,老篾匠向我们一行人推介,说新市镇每年都会举行"蚕花庙会"和"羊肉黄酒节",望我们到时再来观光尝鲜。

保安老文

2020年7月的一天晚上,女儿从老家回上海来。因疫情影响,从外地来沪者都要在门卫进行信息登记。女儿让我到小区门口接她。正值最热的天气,又不出小区,我就没戴口罩。在小区门口,女儿见到我就说,你怎么没戴口罩就下楼了啊,我说反正又不出门,现在就上楼。可能是我一直以来都说淮安话的缘故,门口的一位新来的保安主动和我搭腔了。原来,他的老家和我的老家只有3公里的距离。女儿先上楼了,我和保安聊了一会儿。他姓文,56岁,女儿大学毕业后留在上海工作,他的老婆在漕河泾打工。我们这算认识了。

自那以后,我每天上下班走到小区门口时,老文总会笑容满面地和我打声招呼。8月,我的散文集《生活暗示》出版。有一天晚饭后,我送了一本给老文。当他得知是我写的书时,很是羡慕,一边翻着书一边对我说,他也很喜欢文学呢。他还说,在读高中时他的作文在县里还得过一等奖。从那时起,他开始做着自己的文学梦。结果高考落榜,只能回家种地。结婚后,他的世界里只有四季良田,文学梦从此与种子一起埋进了泥土里。他还告诉我,在1997年和1998年那会儿,农忙结束后,还背着老婆偷偷写过稿件投给《淮海晚报》,结果稿件泥牛入海。我说那时《淮海晚报》正给我开了"梅园燕语"专栏,要是我们认识的话,我可以帮着推荐给副刊编辑呢。他不无遗憾地笑笑说,唉,我们早认识就好了。

我问老文,在农村你也算是有文化的人,除了种田外,有没有做过什么副业呢？他说，农闲时做豆腐卖。我说，你们梅畅村离赵集村不远，到赵集街上卖豆腐也是方便的。他说，每天做好豆腐不到街上卖，都是他推着一辆平板车在各个村庄里卖。后来，还做过烙饼和油条，村庄里的人生活条件越来越好，早晨到街上买大饼油条也不方便，所以，他推着平板车跑各个村，方便了很多人，自己也赚了些钱。我问，那你怎么想起来上海打工了呢？他说，在老家一年忙到头，还不如我在上海三个月的工资多，老婆也想出来挣点钱。再说，女儿大学也毕业了，我们在外租个房子，生活方面比在老家不知要强多少倍呢。我又问老文，那你的老婆做什么工作呢？他说，他老婆不喜欢做固定工作，觉得那样不自由。所以，就给人家做钟点工。一个月下来，也赚不少钱呢。说到这里，老文的脸上有喜悦浮过。

一晃到了中秋节。在节前，我给老文送了一盒月饼。他客气得要命，说他也没什么可以送给我的，哪里好意思呢。我说，现在生活条件都好了，你也不在乎这盒月饼，想到你在值夜班时肚子饿了也可以对付一下呢。见他没什么事，我们又聊了一会儿。提到老家的事，他说老父亲在去年已去世了，活到86岁，长寿呢。老母亲还健在，一个人生活，洗衣做饭都能做，过年过节时就到他弟媳家里吃饭，热闹一下。老文说，他们一家人都在上海，弟弟一家人平时照顾老母亲多一些，他去年春节回家时，除了给老母亲生活费用外，还拿了一些钱给弟弟。可弟弟说什么都不肯要，说照顾自己的母亲不是应该的嘛。我想，毕竟老母亲平日里遇到头痛脑热什么的都由弟弟操心，再说，我是老大，总不能自己一家人出来两手一摊，把老母亲留给弟弟一个人来照顾吧。人不在身边，钱要送到啊。老文接着说，还是弟弟修到一个好媳妇啊。听着老文的话，我的心头不觉一阵阵的热。我问老文，那你的弟弟怎么没出来打工呢？他说，弟弟在老家开了个装修门市部，平时也很忙呢，所以家里的事多是弟媳在操持。老文又补充了一句,说前几天,他又给弟弟打了500元钱,说是给老母亲过中秋节用的。

到了9月份,我的新书《心里的那条河》出版。我想给老文送去一本。那天晚饭后,我拿着书去小区门卫室见老文不在,另一个保安我也不熟悉,就回家了。以前听老文说过,他们每天早晨7点换班。我想,既然老文不是晚班,那么明早7点可以把书带给他。第二天上班时,走到小区门口,还是没见到老文,那个保安正在传达室里接听电话,我想下班后再看看吧。晚上回到小区门口,问那个保安,才听说老文已离开这里了。

想到老文曾跟我说过,说等哪天逢我们都休息时,请我到他租住的家里喝酒去,说他老婆很会烧菜。他还说,他的女儿也谈了男朋友,到时让我这个老乡也见见。老文在我的心里是个勤劳的人,是一个有追求的人,一个孝敬父母的人。他用自己的朴实真诚的生活方式,告诉我一个道理:我们在任何时候都不要抱怨人生,更不要对生活感到不满;我们的生活经历,就是自己留给生命的痕迹。

卖蘑菇的小花

小花是安徽淮南人,在我家附近的菜场卖蘑菇已有好多年了。起初,我每次去她那儿买蘑菇她还会用电子秤称一下。后来,我们熟悉了,只要我去买蘑菇,说买5块钱,她就拿起那个装蘑菇的塑料篮子倒一点。很多时候,还会再抓几个,根本就不称了。我感觉,她给我的远不止5块钱的蘑菇。

一个星期天的下午,我在烈士陵园里走路,恰巧遇到了小花。我问她怎么没去菜场,她说,要3点以后才去。我们便闲聊了起来。

小花说,她来上海已经有十五六年了。刚来上海时,在包头路菜场。后来,那个菜场卖菜的多是江苏淮安人,她在老乡介绍下来到了龙华西路菜场,这里多是安徽淮南人。

提到卖菜,她摇摇头,带点苦笑说,刚来时候什么也不懂,幸亏有老乡帮衬。从老家出来时身上没带多少钱,事实上她的那个家本来就没多少钱,钱都被她的老公拿走了。本来想到上海某工地给人家烧饭的,到这里之后才了解到工地烧饭的活已被一个包工头的嫂子做上了。一时间,她只能在工地食堂做杂活,工资少得可怜。后来,她在一个堂妹介绍下来到菜场卖菜。没想到摊位费太贵,好一点位置的摊位当然轮不到她,卖菜讲究的是摊位市口。她还说,来上海卖菜之前,自己从没卖过菜,好多菜的价格一下子也记不住,算账也时常会出错。让她最难过的是,一天中秋节,上午生意特别好,因为把一个人的菜算错了账,结果那个男的开口骂了她,说她故意算错账多收钱。她从没被人骂过,也从没有过多收别人钱的想法,一阵羞辱感使得她差点要掉下眼泪来。她知道,不管在家里还是在外面,都不能与人结怨纳仇。所以,那天上午,她只能忍着委屈,还得连连向人家赔礼道歉说对不起。再说,她也没资本跟人家计较,一是确实是自己算错了账,二是自己的丈夫跟其他女人劈腿离家出走了,家里还有一对儿女要她养活呢。包头路菜市场给她的记忆太深了。

来到龙华西路菜场后,她不再卖时令蔬菜,而是专卖菌菇、草菇、香菇和蘑菇。她是个聪明的人,后来又增加了竹笋。蘑菇摊位四周都是她的家乡人,菜场环境也越来越熟悉。在菜场,共有两家蘑菇摊位,她的摊位处于中间位置,而且待客总是甜笑有度,不管是蘑菇还是竹笋的分量也总是很足。另一家我去过一次,是上海当地的50多岁的妇女,说话语气生硬,属于态度不好的那种。有一回,我说"能不能便宜一点",她气呼呼地说"不买就算"。我再没去第二次。

提到小花的老公,她气得直咬牙,说他根本就不是男人,一点担当都没有。当时女儿8岁,儿子6岁,他就跟一个女人跑了。公公去世了,婆婆身体也不怎么好。她来上海卖菜后,只好把一儿一女托付给婆婆,每个月要给家里汇钱,婆婆又没养老金,一家三口人的生活费和儿女的各项开支全靠她一个人支撑。我问,孩子的爸爸去哪里了呢?她说不知道。我又问她是否和孩子的爸爸离婚了呢。她没直接回答我的问题,而是擦起了眼泪……过了一会儿,她声音沙哑地说,她每天早晨5点就要起来,为了省钱,从没在外买过早饭,都是自己做着吃。6点去菜场,蘑菇拿好后,要一个一个将根部剪掉。到7点左右,买菜的人才陆续来菜场。上午最忙,有时累得都不想吃饭,就想回到出租屋睡觉。不过,想到卖菜赚钱能让孩子像其他人家的孩子一样有吃有喝继续读书,她说累点苦点也值得了。她看时间差不多了,就跟我打了招呼去了菜场。

去年除夕,我下午去菜场看到小花一边卖蘑菇一边轻声地唱着歌,周围的老乡还给她鼓掌呢。她见到我,笑着说,生活不能总是苦着脸过啊。我也夸她唱得好听,她说就凭你这句话,多给你几个蘑菇吧。我连连摆手,说5块钱的量就够了。我想再买点竹笋。小花小声对我说,竹笋太贵了,以后再买吧。我点头向她表示谢意。

有一个星期六的下午,我又去小花那里买蘑菇,旁边摊位的老乡对我说,你看小花穿得时髦吧。别说,小花这一打扮,完全称得上是整个菜场里最好看的摊主了。小花笑着没接老乡的话,只是拿起那个塑料篮子给我倒了5块钱的蘑菇。是啊,哪个女人不爱美呢?也许小花一直就爱打扮,只是生活的压力让她没机会也没心情去装扮自己吧。

有一天,小花的摊位里站着一个胖乎乎的男孩和一个胖乎乎的女孩,他们俩的脸型有点像。小花笑着跟我说,是她的儿子和女儿。那两个孩子并没有说话,只是向我憨憨地笑了笑。小花又跟我说,本来想让儿子当兵的,可惜他体重超过了,没去成,现在姐弟俩都在上海打工了。孩子都上班挣钱了,小花也该为自己生活了。从小花身上我看到,美好的生活并不是赞美成功者的祭坛,而是呼唤热爱生活并能克服困难走向美好生活的歌坛。

爱,能融化痛苦结成的坚冰

2002年这一年,我在上海市龙华烈士陵园党委办公室帮助工作。那时,我还是穿着军装的现役军人。

那是一个春雨霏霏的下午。在医院,看着她微黄的脸色,细瘦的双手,凹陷的眼睛,真让人心痛。毕竟她还不到知天命之年啊,然而她的精神却显得很好,这令我始料未及。她好像看出我的疑惑,一番肺腑之言,才让我得以释怀。原来,在刚入院的那些日子,她常常看着白色的天花板发呆,心里就有一种被掏空的感觉,一阵阵孤独感不时地袭上心头。然而,她又在等待,等待一种希望,一种在无望中祈求生命的希望,但更多的是那无尽的烦恼和病痛,在慢慢地吞噬着她那仅有的一点因希望而拥有的心情。有一阶段她心情特别地坏,不配合医生治疗,不与来看望她的人答话,甚至连饭也不吃。就在她面对死神准备妥协的时候,上海市龙华烈士陵园的领导和同事们纷纷来到她的病床前。声声问候,浸透着关爱;束束鲜花,溢满芳香;笔笔捐款,折射出片片深情。当党委鲁书记和党办刘主任拉着她那细瘦无力的双手时,这位身受病痛和思想折磨的普通妇女,再也控制不住内心的激动而泪流满面、泣不成声了。

精神可以战胜病魔带来的痛苦。在那些日子里,有的同事听说她的病情后,是流着眼泪去看望她的;有的同事常常带着自己的家人来到她的床前,陪她聊天;有几位同事共同制作一个贺卡,每人写上一句注满爱心的话语,并签上名字送给她,贺卡里还暗藏着一叠厚厚的钱；有的同事家庭条件并不宽裕，生活压力很大，但也从自己微薄的收入中，抽出一部分表达自己的一片心意。从她生病以来，有一位同事受组织委托专门照料她。这位同事知道她平时爱吃鱼，就每天跑菜场。为了给她换口味，想着花样烧鱼。后来就连菜场卖鱼的老板都成了这位同事的老熟人。而那些买菜的钱，都是科室内外同事们凑的，从没要过她一分钱。人间真情催人泪，爱心终能润心田。渐渐地，那颗凝结成冰块的心，终于在一颗颗爱心的融化下有了开解。我看着她那张蜡黄的脸在白色墙壁的映照下，正露出淡淡的微笑。

是啊，生命的苦痛，不是生活的贫困，不是社会层次的低下，也不是智力的愚笨，而是生活在一种迫近死亡边沿时心理折磨的状态。然而，有一种东西，可以融化痛苦结成的坚冰，那就是人世间共有的善良和真情融汇的涓涓爱河。我们常常谈到生命的意义。然而，面对平凡的生活，有时却显得困惑不解，似乎对生命赋予我们的一切产生了怀疑。人活着价值何在？直到我去看望那位肝癌晚期的病人时，看到她对自己短暂将逝的生命，却能坦然以待，感触之余，使我对生命的价值又有了重新回味和认识。

带着她的心情和眼泪，我走出医院。看着远处的晚霞正洒下一缕银色的光，我的心豁然开朗——原来生命的意义不只是生命时间的延长，也不只是物质丰厚的拥有，更多的是在于用心去感受和体会爱与被爱的个中滋味。

生日逸事两则

生日对于我们每一个人来说，都是一个值得欢喜的日子。贫穷时，借这个日子改善一下生活；富裕时，借这天与亲朋聚会一下。这个日子，对于我们的母亲来说，却让她们经历了一次生与死的较量。"孩子是娘身上掉下的一块肉"，没有哪句话比这样的比喻再贴切不过的了。

日历有阴历（农历）和阳历两种。过生日的这个日子，通常情况是农村人过农历，城里人过阳历。今天，是我的农历生日，想到两个关于生日的故事，一个是战友为他女朋友过的，一个是一位匿名朋友为我过的。

1993年6月，参加军队院校考试的上海空军混成旅的学员集中在奉贤空军高炮靶场进行培训。同年当兵的几个老乡，我们一起参加了培训。是时，一位老乡的女朋友从老家来上海，在外滩附近的一家酒店进修面点师，6月底是她的生日。老乡邀请他的女朋友来靶场，说要给她过生日。

那天是星期六，午饭后老乡通知我，说他女朋友下午过来，晚上去新海镇给她过生日。他还特意交代，千万不能让学员队队长知道，他不可能批假的，我们几个老乡都去。

晚饭前，我们悄悄离开了靶场。老乡到小镇上买了一个蛋糕，还买了玫瑰花。我们到饭店时，他的女朋友已在等我们了。

一场特别的生日宴会按程序开始了。自从我们进入学员队培训以来,肚子里严重缺油水,面对一桌鸡鱼肉蛋,八九双筷子好像战场上拼刺刀一样,噼里啪啦地交叉起来。老乡的女朋友,我们早就认识,大家也就不客气了,整个大厅溢满了朗朗的欢笑声。正吃喝酣畅时,隔壁桌走过来一位中年男士,他自我介绍起来,说他也当过兵。问我们,他能不能参加战友女朋友的生日。一听说是老兵,我们赶紧让出一个位置来。他先给我们每个人发一包中华烟。然后,又让他的一个小兄弟再去买条烟。接着,他叫来服务员,又加了几个菜,并交代服务员,说今天他买单。说着,就从随身携带的那个小包里拿出一叠钱,交到服务员的手里,说多退少补。一阵忙活后,他说当年他的女朋友到部队去,为了给她过生日,他也是偷偷翻墙出来的,结果被领导抓个正着,被处分了一次。说完哈哈大笑起来,说咱当兵的,心里想的除了妈妈,不就是女朋友嘛。说着说着,他竟有些伤感起来了……过了一会儿,他缓过神来,说从部队退伍后,回到老家开了公司,希望我们有机会去苏州他的公司玩。说到这里,他又打开那个小包,从里面拿出他的名片。那晚,那位老兵喝醉了。他说他好多年没有这样开心过了……

这件事过去了很多年,我还能隐隐约约记得那个老兵的样子。

想到我的生日,在童年和少年时代,每到生日这一天早上,母亲都会给我做一碗鸡蛋面条。离开家闯荡社会后,就没过过生日。这些年来,每年的农历生日前一天,二姐总会从老家打来电话,说明天我过生日;让我早上给自己下碗面条吃。

前天(星期五)上午,接到快递电话,让我到楼下取蛋糕。我感到诧异,谁会给我送蛋糕,是不是弄错了。到楼下,从快递手里接过蛋糕时,透过透明的蛋糕盒,我看到蛋糕上有一块写着"一风先生,生日快乐!"的字样。没错,是送给我的。只是,我不知道是哪位朋友送来的。还好,我从快递的手机里要到了送蛋糕者的手机号码。

回到办公室,我按那个手机号码拨打了过去,显示北京号码。结果没人接听,转为留言状态。连打两次都这样。于是,我通过短信方式给对方发了条消息。

对方回了消息:"您不必问我是谁,您喜欢就好。"

有回话就好。我又发了条消息:"我可要知道您是哪位啊?不然,我不敢受用这贵重的生日礼物呢!"

对方回话:"您欣然接受即可,无需纠结,不用再打电话,我也不再回您短信。生活需要仪式感,虽然过去您未认真过过生日,但希望在您无数个过去及未来的生日里,有留下过这一点美好的回忆……安好。"

对方还特意留言:"从今年开始,以后就过农历生日吧,永远不要忘记自己是一名农村人。"

可能考虑到我的农历生日是星期天,不上班,对方提前三天将蛋糕送到了我的单位。更让我疑惑的是,我的单位地址可从没告诉过任何一位朋友啊。

既然对方不愿透露自己的信息,我也不便再追问什么。只是,这个显示北京号码的手机主人,我把北京的几位朋友梳理了一下,怎么都对不上号。我想,那就尊重这位朋友的心愿,让我们原本平淡的生活里保留这样的一个仪式感吧。想到朋友最后的留言,让我感到很温暖。"永远不要忘记自己是一个农村人"。有了这样的精神托底,我对生活就不因攀比不足而心生埋怨,也不因身份卑微而妄自菲薄。我提醒自己:从今往后,眼里应该看到精神,吸纳的是优秀品质的人;心里应该保持清净,放空一切攀比的欲望。

继承精神财富的老军人

2003年8月,我走进金山区干休所,采访了金山区人武部原部长、军休干部尹继富老同志。他身体有病,却很精神。按他的话说,当年打仗、修路都没死,还怕什么病,更何况自己都快80岁的人了。可以说,他给我的印象非常深刻。翌年6月的一天,金山区干休所所长来编辑部,对我轻声地说,老部长走了,是在6月22日。我从相册里拿出他以前的照片,心里有种莫名的伤感。

西藏,让人望尘莫及的地方。因高山气候影响,天气变化莫测,常年遭遇着风沙、雨雪、滚石、泥石流和小崩塌等自然灾害。1951年春,解放军第二野战军部队劈山开路,担负起筑建川藏公路(起四川成都,至西藏拉萨)的任务。公路线全长3 300多公里,筑路时间历经五年有余。其间平均每完成一公里的路段,就牺牲三名战士。恶劣环境,可想而知。听说金山区干休所里有位曾参加过筑建川藏公路的老连长——尹继富,我不禁萌生出要采访他的念头。

那天是星期六下午。在干休所见到这位昔日筑路英雄的时候,我的心为之一震:今年77岁的他,精神焕发,举步生风。他一进门,边擦额头上的汗,边与我们打起了招呼:"刚才在医院输液晚了点,公交车又'反应迟钝',让你们久等了。"说话铿锵有力,洪亮震耳,让人很难看出他是身患原发性肝癌、曾做过两次肿瘤切除手术、经过六次化疗的人。

甫定落座。当我提及川藏公路的字眼时,这位身强力壮的老兵,显出有点激动,眼睛一下子发涩了。他说,6月29日看到青藏铁路在青海省格尔木市和西藏拉萨市举行开工典礼的时候,心里非常激动。看着典礼剪彩时的热烈场面,听着推土机发出的阵阵轰鸣声,不由得想起52年前那段不平常的修路往事。

1950年夏,部队挺进四川甘孜,在甘孜用了近一年的时间,建造了一个军用机场,为筑建川藏公路竖起了第一块里程碑。翌年春天,这支"蚁驮粒米"的部队,从成都开始向拉萨"匍匐"进军。

山路茫茫,风沙飞扬。西藏波密路段,是块坚硬的"礁石"。在海拔5 400米的高山上,饭煮不熟,水烧不开。为了吃饭,战士们背米下山。走在上下山的路上,战士们是走两步歇息一会;再走两步,再歇息一会儿。气喘的声音,在石壁间轻轻回荡……

为节省背米上下山时间,部队采用40架运输飞机,来保障前沿修路部队。然而,天有不测,运输飞机常遇雨雪中途而返。空投不成,战士们时常挨饿,就连报纸和家信也成了"迟到的祝福",常常是来自三个月前的声音。

面对重重困难,部队提出了"五不怕"精神:"不怕高山缺氧,不怕流血牺牲,不怕风雪交加,不怕被雪埋死,不怕泥石流。"军人的顽强作风,令高山仰止!

那时筑路,全是手工作业。除了炸药的爆炸声、榔头和钢钎的撞击声外,就是战士们用扁担挑起竹筐时的吆吼声。干活需要力气。然而,在人烟稀少的高山上,连氧气都不愿光顾,跑得远远的,力气从何而来。身体乏力成了问题。后来,部队从藏民那里打听到喝酥油茶可以增加体力。战士们窃喜。起初,喝酥油茶还真解了渴、加了力。后来,因酥油茶采用牛皮袋灌装,时间一长,发出刺鼻难闻的味道,战士们不愿喝。不喝酥油茶,体内就缺乏热量,还有缺氧带来的一系列不良反应。前方山峰铮铮,脚下的路需要延伸。怎么办?尹继富带头,战士们排长了队。连长喝了第一口,哇的一声,吐了出来。他擦了擦被呛出的眼泪,接着,又昂起了头。战士们看着连长,心头一热,个个捏住了鼻子,张开了嘴巴……那情景,让人看了,心都痛。

  雪,是高山上的一道风景。远远望去,似仙女裙带,缥缈时现;又如白云片片,依稀可见。走近了,领略到的可不是美景,而是刺得让人眼痛的雪光。美是距离的产物,这话没错。战士们长年累月在山上干活,眼睛长期受太阳光在雪上的反射,一闭上就疼痛难忍,晚上难以入眠。为增加睡眠时间,有的战士就用毛巾敷在脸上,也有的战士在眼睛皮上放着一点雪。可第二天,眼睛都睁不开……

  晚上睡的是帐篷。战士们用铁锹把雪平一平,放上一块油布,在油布上铺一条毡子,拉起帐篷,两人一铺。无风的晚上是幸运的。只要晚上一刮风,夜里定会下雪,说不准还会遇上雪崩。第二天早晨起床,帐篷全"掩护"起来了。战士们一起喊口号抗帐篷。有的帐篷被雪埋了一半,大家戏称为"这个帐篷埋得好";埋不好的,那帐篷就给雪全埋了。战士们扛帐篷的喊叫声,乐观向天的笑语声,在山谷中久久荡漾,融化了近处层层的厚雪,震动了远处幽静的山峰。

  西藏,天气变化没有征候。下雨无迹象,落冰雹"不打招呼",雪的无声融化,常常是形成泥石流的主要原因。滑坡型泥石流速度快,冲击力强,破坏性大。部队在施工过程中,牺牲于泥石流之灾的战士很多。他们有的来不及与战友打声招呼就走了……

  在唐古拉山和曲二山,战士们的身影被镶嵌在终年积雪线以上的位置。太阳离他们近了,火辣辣的,洒在战士们的脸上,像烙铁一样,印得暗红。风,很是无情,揭开战士们的皮肤,一块一块地撕落。罐头是唯一的充饥食品。蔬菜,成了奢望。最终,罐头把战士们的胃吃"革命"了。但道路,还在不断地延伸……

战士们想到了牦牛肉。

于是,连队派人下山,走进了牧民场。牦牛肉在山下煮好,费了些劲才抬到山上。香飘十里是美味。被罐头折磨得食欲不振的战士们,一见到牦牛肉,匮味的口腔生出了水。"牦牛肉比罐头香多了。""胃啊,今天给你待遇改善了。"……战士们吃着牦牛肉开心地说着笑着。香喷喷的热气,弥漫在空气中,挥之不去,久久地萦绕在战士们的心头。连队从此又多了一个新鲜的话题。

再香的东西,让人每天不换口,嘴巴也难免失去使唤。后来,战士们觉得,牦牛肉比罐头还难吃……

1955年10月,川藏公路胜利完成。

岁月易逝,经历难磨。昔日的老连长,如今真的成了"老年长"。看着他说话的神态,对往事的深情追忆,仿佛让我看到他那高大的身躯,巍峨地屹立在川藏公路的峰顶。我的心慢慢地与他贴近了。临行前,我送他一句平淡的祝福:"精神是活着的理由,英雄是永远的骄傲!"

战地摄影记者的战友情怀

——宝山区第三干休所军休干部叶良眸战地摄影忆往事

历史是真实存在的,无论岁月如何变迁,它总以自己的方式而留存于世。党史涵盖了军史。2021年是中国共产党百年华诞,百年征程波澜壮阔,百年初心历久弥坚。为纪念建党100周年,《军休天地》开辟"百名军休干部口述历史"新栏目,邀请不同时期各条战线的军休干部,用口述历史的方式讲述他们当年亲历的事,记录中国共产党人在人民军队中不怕牺牲、排除万难、忘我工作、为民服务的奉献精神,以此回顾历史,不忘初心。

2020年12月22日,一个平常的日子。冬至过后的阳光,暖暖地照在上海宝山区这块土地上。坐在叶良眸老同志面前,他向我讲述自己当年作为中国人民解放军八一电影制片厂纪录片室的一名战地摄影记者奔赴前线与战友并肩战斗的往事。

往事如烟,真情仍在。

有幸成为解放军电影制片厂纪录片室一员

1952年7月中旬,我从南京海军联合学校调到北京总政解放军电影制片厂。当时的心情,是既激动又惊喜……解放军电影制片厂位于北京广安门外六里桥。到北京之后,没有公交车到六里桥,我只好坐上一辆私人载客的敞篷车。下车后,眼前呈现的是一片野草地,还有稀稀散散的菜地,哪里有六里桥的影子啊?就在我四下张望时,看到公路旁不远处竖着一根木棍,木棍半腰处钉着一块木板,木板上写着"总字××"。顿时,我高兴极了,找到了!沿着沙石路向前走,不一会儿,便看到了两幢灰白色的房子,一幢是假三层楼房,一幢是西式平房。后来才知道,那三层楼房是制片厂的办公室。

宿舍很简陋,两只木凳上放上一块木板,就成了床。时值盛夏,蚊虫很多,那顶厚厚的不透风的白色蚊帐,热得我晚上难以入睡。到了冬天,每人发一条用稻草编成的"垫被"。早晨洗脸时,寒冷刺骨的水,把双手冻得直发麻。每天的伙食,以填饱肚子为原则。尽管生活简朴,但我们是革命军人,永远怀着革命乐观主义精神。

纪录片室成立后,摄影训练班的成员组成12个"摄影区队"进驻各大军区及海、空、公安部队,深入基层进行采访拍摄。当年,我分在海军部队。数月后,各个"摄影区队"将采访的素材送回北京,经电影技术各个部门和编辑们精心选编后,第一集《解放军新闻》诞生了。那天,解放军电影制片厂的工作人员欢欣鼓舞,观看了盼望已久的自己制作的影片。1954年开始,《解放军新闻》纪录片在全国电影院放映。

筹建解放军电影制片厂时,正值抗美援朝战争。为了配合国际形势的需要,上级从已开课的第一期学员中抽调二十一名骨干,组成赴朝摄制组进行实战拍摄。我是第二期学员,很遗憾没有前往朝鲜战场参加拍摄任务。摄制组成员在战场上用视频记录了大量宝贵的资料,并迅速编制成一部反映志愿军不怕牺牲、战胜美国侵略者,保卫交通运输畅通的纪录片《钢铁运输线》,这是解放军电影制片厂首部公映的长纪录片。拍摄过程中,高庆生同志在敌机进行地毯式轰炸时,为了保护摄影机而光荣牺牲,年仅24岁,是解放军电影制片厂第一位烈士。高庆生同志保护的那台摄影机上,后来刻着"光荣机"

三个字，永远载入制片厂厂史。

1956年，解放军电影制片厂更名为中国人民解放军八一电影制片厂。

我和战友奔赴战场执行拍摄任务

1962年，国际形势突变，中印边境因印度政府不断挑衅而造成流血事件，总政治部主任下令八一电影制片厂派战地摄影记者前往西藏参加拍摄任务。上战场很有可能牺牲，思想上要做充分准备。我将储蓄证和妻子梁蔚君给我的来信托付给留守的战友，并嘱咐若有不幸，请他将我的物品转交给上海的家人。

这年6月，对印"自卫反击战"发生在喜马拉雅山山南地区的克基郎河谷的小木桥——择桡桥。择桡桥是一座由四块木板建成的简便小木桥，桥宽只能平行走两个人，当时还少了一块木板。这座桥，就是战争的导火线。

到了秋天，我和战友杨秀清奉命赴择桡桥拍摄前线部队的备战情况。从驻地到择桡桥，道路都被敌军封锁了，我们只能翻山越岭。山高路窄，杂树成林，加之高原氧气稀薄，令人头痛、脚重，每走一步都困难重重。翻越那座无名山，我们整整花了七个小时。到达前沿部队所在地后，连部派我们到离择桡桥最近的哨所——六班驻地。从连部到六班虽只有1000多米的距离，但这段路程完全处在敌人的炮火封锁下，双方的碉堡和战壕都有哨兵监视，白天不能行动，只能等到晚上。

那天夜里，没有月亮，峡谷里黑得伸手不见五指。战壕里尽是大大小小的石头，稍不留神踩动石头发出响声，就会惊动敌人。我们只能小心翼翼，一步一步向前移动，1000多米的战壕竟走了三个多小时。六班驻地是一个碉堡，一个班的战士晚上睡觉就挤在只有七八平方米的地面上。虽然我们的到来使战士们减少了空间,但他们依然十分欢迎我们。碉堡的地面十分潮湿,上面铺着一层小树枝,树枝上铺着几条白色的羊毛毯,我和杨秀清就挤在这个碉堡里和战士们一起住下了。

第二天早上,班长跟我说,战壕只有一人左右高,为了不暴露目标,行走时要弯一点腰。班长还对其他战士说,最近敌人增加了"特级射手",观察敌情时必须将自己处于暗处,不能让敌人发现,避免伤亡。从那天早上开始,我和杨秀清轮流抱着摄影机到射击口观察敌情,发现目标立即拍摄,既要沉着,又要动作敏捷,争取每一次都能抢拍到有价值的镜头。

后来,杨秀清离开六班,跟随154团主攻部队尖刀连执行拍摄任务。有一天凌晨,主攻部队尖刀连像下山的猛虎,冲向印军阵地。听说杨秀清带着两名战士,手拿摄影机,沿着敌人的交通沟前进。因拍摄角度不好,他跃到交通沟上,在一片炮火声中举着摄影机拍摄。一个个勇猛、壮烈的画面被摄入镜头……担任保卫的两名战士不断提醒杨秀清注意安全,可他只顾抢镜头,完全不顾个人安危。突然,一发炮弹击来,杨秀清顿时栽倒在地,摄影机被炮弹击穿了三厘米的大洞。庆幸的是,摄影机挡住了飞来的弹片,救了他的命。两名战士也倒在了血泊中……杨秀清伤势严重,从前线转移到后方医院,至今他身上还有13块碎弹片。

含泪致敬烈士,抢救受伤战友

某一天,前线指挥部突然告知,敌军在峡谷的某地建立哨卡,敌我双方激烈交火,我奉命跟随增援部队进行拍摄任务。出发时已近傍晚,还没到突发事件地点时,远远地就听到双方激战的枪声。部队以急行军的速度向前挺进,我在隐蔽的山坡处打开了摄影机。有受伤的战士从火线上抬了下来,他们经过简单包扎后准备向后方转送。当我看到那些战士有的咬着牙,有的紧握拳头呻吟时,就跑到伤员面前,安抚他们"不要急,军医快来了"。这一次冲突,我军以绝对优势取得胜利,战斗结束。深夜时分,部队在清理战场时,将我们牺牲的战士安置在山坡处。夜雾浓重,我怀着一种难以抑制的悲痛心情,含着泪水,仔细地看着每位牺牲的战士。有一名年轻的战士,右手的食指还紧扣在扳机上……我向牺牲的战士们郑重地行了一个注目礼,然后默默离去。

我军在完成第一战役后,419部队指挥部从原地转移到前沿地区——达旺。达旺位于喜马拉雅山麓,属山南地区的错那县。我军进驻达旺前,被击败的敌军撤到了距达旺20多公里的西山口山顶。在能见度好时,敌军从西山口用望远镜可以清楚地看到达旺山间的我军驻地,观察到我军的一切行动。

1962年10月19日清晨7点左右,西山口的敌军突然向我军驻地发起炮击,一发炮弹击中了伙房,我和战友徐明道赶紧拿起放在枕头旁的摄影机、手枪等战备物资,以最快的速度进入防空洞。刚进防空洞,就听到一发炮弹在住处附近爆炸开来。接着,我听到从伙房那边传来编辑文宗华的呼叫声。我和徐明道穿过敌人炮弹引燃的火焰向伙房奔去。只见文宗华和炊事员小杨已受伤躺在地上。我转身直奔住处找急救包。谁能想到,我们的住处——那个草房已被敌军炮弹完全击中,遍地是草泥、墙土块和弹片。如果先前我和徐明道晚一步离开住处的话,恐怕性命不保。

在杂乱的泥土中,我找到了急救包,并迅速拆除了一块门板。我和徐明道把文宗华抬放到门板上,在缺氧的条件下,使出浑身的力气,将他送到刚刚建起的战地医院。炊事员小杨双手抱着被炸伤的肚子,在同志们的搀扶下,忍着剧烈的疼痛也被送到了医院。文宗华用脆弱的声音对我说:"我肚子好疼……"看着他咬牙忍痛的样子,我强忍着难过的心情安抚他:"医生马上就来了……"时隔三个小时后,医院传来了噩耗:"文宗华同志因出血过多,抢救无效,光荣牺牲。"年仅32岁的文宗华,从此离开了他结婚才两个多月、刚刚怀孕的爱妻。

战争结束后,我活着回来了。

尾声:中国人民解放军八一电影制片厂纪录片室的摄影记者,是一群默默无闻的军人,是抱着摄影机去执行各项使命的战斗员。他们热爱部队新闻事业,为自己所献身的事业而自豪。他们拍摄的纪录片,已编成中国人民解放军形象化的编年片,被国家永久珍藏。他们从风雪高原的北疆到挥汗如雨的南海,天空、海洋、抗洪抢险……哪里有中国人民解放军,哪里就有战地摄影记者的足迹。全军官兵熟悉他们的职责,敬佩他们辛勤的成果,以崇高的敬意送给军事新闻工作者"八一敢死队"的光荣称号。

叶良晔简介

1931年生于杭州,1951年1月25日参军。1952年从南京海军部队选入八一电影制片厂,从事部队电影新闻事业40余年。曾任八一电影制片厂纪录片室摄影师、主任记者。先后拍摄长短纪录片30余部。《自卫反击》《硬骨头六连》《南京路上好八连》等被总政治部、八一电影制片厂评为优秀影片。曾担任摄制《解放军生活》片种120多个主题,如《唐古拉兵站》《红色气球传深情》《军舰·你早》《萨本茂》《信号台的老兵》等。

先后三次担任《1958年福建前线炮战》《1962年中印边界自卫反击战》等随军电影摄影任务。曾获得三等功一次,连续三年被八一电影制片厂评为先进工作者。

后记

你是我最好的遇见

我们每个人都有过幸福快乐的时刻,也同样都有过令自己烦恼和苦闷的事。这些年来,我见过一些随波逐流的人,也遇到一些不怕吃苦心怀追求的人。当然,更多的还是平淡的人。不管是什么人,对于幸福的体验和烦恼的感受,大多是差不多的。

生活告诉我们,一个人有一个人的活法。

基于这样的理念,我尊重每一个值得我尊重的人。对于个别极端的人,我只能远离,别无他法。换句话说,当无法改善与别人沟通的可能性时,我只能改变自己。好在人间有温情,自我离家三十年来,一路遇到很多可亲可敬的人。他们用自己的方式向我传递着缕缕温暖,让我感受到人间的美好。

2020年是一个特殊的年份,新冠病毒威胁到每一个人的健康。在这一年,我首先辞去工作上的职务,做一个普通的员工。这样,我可以远离一些让自己烦心的人和事,让自己安心下来,清净自己的思想。这样做的目的是,一来维护稳定的情绪,确保睡眠,可以控制血压;二来回望几十年来走过的路和认识的人,并将这些人和事梳理一下,煮成文字。一年下来,我写了69篇小文章,集成一本书,取名《天空的眼泪》,意为"苍天有泪自是苦,唯有真情驱云雾",并以此作为送给自己和朋友们的礼物。

梳理这些故事的过程,也让我感叹生命和观念、生活和心态之间的关系。离开家乡闯荡社会后,我认识了很多人,经历过很多事。有当官的朋友,他们中有的想提拔不能如愿,借酒浇愁,最终忧郁成疾英年早逝的;有的因私欲膨胀,假公济私,受贿贪污,锒铛入狱的。也有做老板的朋友,他们中有的为扩大业务,拓展实力,积劳成疾的;有的投机钻营,违法融资,被判刑吃官司的。我还有很多的老百姓朋友,他们中有的为了养育孩子艰难生活,经年累月含辛茹苦的;也有的热爱生活阳光心态,帮人助己感受真诚真爱的。

对于当官的朋友,我曾羡慕过他们春风得意的感觉,也曾试图努力一把感受一下做领导的个中滋味。可想到当官也有当官的苦衷和烦恼,也想到他们为工作而影响睡眠时,我就不再羡慕了。对于老百姓的朋友,我为那些面对生活困窘或不幸遭遇而顽强生活的人心生怜悯和同情。我告诉自己,生活要讲规律,不可愚昧无知;行事要讲规矩,任何时候都不能"闯生命的红灯"。

有了自己的人生哲学,我就能坦然地面对形形色色的世界,五彩斑斓的生活,以及各种像妩媚的春花在眼前摇来晃去的名和利。

凡事讲因果。在我看来,即使面对家族性遗传疾病,只要能按科学规律生活,也能从一定程度上去改善既有的遭遇。为此我提醒自己,要做有思考的人,不做稀里糊涂的人;要做有原则的人,不做"人家说什么,你就不加思索盲目信什么"的人。正如《听易素芹大姐讲她过去的事》,这个故事告诉我们,只有经过生活苦难的人,对生活的苦难才能理解得更加深刻,也从中能让人体味到幸福的生活与苦难的关系。或许有人会说,人为什么一定要有苦难概念呢?在当下物质生活已经达到小康的状态下,在很多人的概念里,似乎"苦难"只停留在物质层面。再比如《他的生命本不该停止在那个春天里》,通过别人的故事,反省我们自己内心的欲望和萌动。生命过程中我们到底需要什么,哪些事才是我们一生的追求。有的人会说,我提拔当领导,不是我非想做领导,而是通过这种形式来证明我个人的能力。是的,面对这样的充分理由,我们还无法用恰当的论据来证明个人想进步的不当之处,或者说也无需证明。我想表达的是,每个人都有自身的体质,如果入不敷出,说什么理由都是违背客观现实的。毕竟,当生命都不再时,那些所谓的个人能力、名和利对我们还有意义吗?

我曾告诫自己,不做自以为是的人,要做自知之明的人。生命中有好多荣誉和利益并不属于你,如果自己硬是披荆斩棘,爬坡上山,想跻身某一高度,恐怕到头来受伤害的就是你自己。基于多方面考虑,我想自己还是做些力所能及的事,既利于自己的身心健康,又不妨碍于别人发展的空间,岂不两全其美。从2020年4月4日起,以"生活有苦,人间有爱"为主题思想,经过八个月的回忆和采访,从文字数量上基本达到出版社要求,但从文章的质量上看可能还达不到相当的高度,还请读者见谅。

生命有天,生活有爱。我们每个人在生命中都是生活的主角。当有种病毒侵害人类生命时,天空都会流泪;当为人子女在外深受委屈或不公时,父母自为心疼难过。我想,我们做健康的自己,世界做有序的世界,人类才能有序健康地延续。

当我的生命在岁月中有了一段经历之后,我开始回望那些暖心的人和事。"一风思悟"公众号里记录着这些人和事。有朋友读完这些人和事之后,给我发来消息,说我一路走来,有这些好心人相伴,有温暖和幸福,好生羡慕。

是的,每当我想到那些人那些事时,心里就暖暖的。那些既远又近的人和事,仿佛春树上落下的花瓣,斑斓的夜空里飘飞的云朵,山涧涓涓而淌的清溪,一路相伴滋润着我的心田。我想,人间是美好的。美好在于有真情,有温暖,有给人盼望的远方……

"一风思悟"公众号从2020年4月4日发布后,我每天都被真情和关爱浓浓地包围着。这真情和关爱,来自关注本公众号的师长、学友,还有不相识的朋友们。军旅影视剧导演吕志斌同志,用心关注我的每篇文章,适时地发表个人的想法;我的忘年交丁以洲先生,对公众号的每篇文章都加以点评……这一年来,我每天都沉浸在幸福的海洋里。虽说时常处于思考的状态,但我一点也不觉得累。在我看来,你们都是我的贵人,是你们让我感到付出的价值和思考的意义。

我带着这些暖心的人和事,一路走来,一路前行。我知道,生活是多元丰富且复杂的,社会生活中各种诱惑和妩媚,时刻在眼前晃悠,又时刻在挑战着我的心灵。我也知道,法律还在不断完善之中,各种不讲规则的现象,也时刻侵扰着我的心态。我看到那些认为活得体面却又身负压力的有钱人,我还看到社会底层人的艰辛,她们为了子女成长而付出自尊、屈辱,在别人面前顽强地工作,把泪水强忍在心窝里……

生命对于每个人来说都是平等的,而生活却并不如此。生命受于生活的层次,生活影响生命的精神。如果生活的内容多了,生命就会"伤痕累累";如果生活的内容单一纯净了,生命的精气神就会清净于内、健康于外。在人与人交往当中,高层次的人往往体现在简单真实,低层次的人却是精明奸诈。

幸福像一条直线,存在了就存在,不存在了就不存了,没什么弯弯绕。痛苦却像一弯多涩的长河,一段时间内总存于怀疑和试探、责问和假设之间。其实,幸福和痛苦一样,都是生命中不可没有的内容。有了幸福就尽情地感受,有了痛苦就尽量地排解。这个世界上,没有哪个人一直幸福,也没有哪个人一直痛苦。我始终遵循自己的观念:"一切都会到来,一切都会过去。"

离开家乡三十年,我从农村到城市,从地方青年到部队战士;做过农民,做过工人,当过解放军;从手拿镰刀,到手握钢枪,再到拿笔敲键盘。三十年来,收获最大的应该是我学会了用文字表达自己内心的真实情感,将那些出现在我生活里的勤劳善良的人们,写成一篇篇富有情怀的文字。当然,从文学作品的高度来审视,我写的作品不管是思想上还是精神上抑或是"关键节点"的把握上还远远不够。我想,这是今后努力的方向。

几十年里,我遇到过很多热心的人,他们有的是我的工友、战友、朋友、老乡、部队领导和军休干部,还有萍水相逢的人。他们身上涌出的朴实和真情、善良和温暖,无时无刻不感染着我、教育着我。从他们身上,我感受到人间的美好和生活的多情。我想,他们已成为我生活和工作的榜样,教我做一个有情怀、有良知、有责任的人。只有这样,才是对生命和生活最好的交代。

时间和精力对每个人来说都是有限的。我们不可能样样都懂,事事都会。对我来说,只要问心无愧,安放好自己的心灵,做些力所能及的事,尽可能多地写些人间美好的故事,就够了。

感谢大家一路相伴。遇见你,是我的幸运!

2021 年 3 月 21 日写于上海家中

图书在版编目(CIP)数据

天空的眼泪/一风著. —上海:文汇出版社,
2021.6
　　ISBN 978-7-5496-3524-5

　　Ⅰ.①天… Ⅱ.①一… Ⅲ.①散文集—中国—当代
Ⅳ.①I267

中国版本图书馆 CIP 数据核字(2021)第 078952 号

天空的眼泪

一　风/著

责任编辑/竺振榕
封面装帧/张　一

出版发行/**文汇**出版社
　　　　　上海市威海路 755 号
　　　　　(邮政编码 200041)
经　　销/全国新华书店
排　　版/南京展望文化发展有限公司
印刷装订/上海新文印刷厂有限公司
版　　次/2021 年 6 月第 1 版
印　　次/2021 年 6 月第 1 次印刷
开　　本/640×960　1/16
字　　数/205 千字
印　　张/14.25

ISBN 978-7-5496-3524-5
定　　价/39.00 元